Lo mejor está por llegar

Greg Laurie

Lo mejor está por llegar

Fe para hoy, esperanza para mañana

Vida

Dedicados a la Excelencia

LO MEJOR ESTÁ POR LLEGAR
© 2006 Editorial Vida
Miami, Florida

Originally published in English under the title:
Best Is Yet to Come, The by Greg Laurie
Copyright © 2005 by Greg Laurie
Published by Multnomah Publishers, Inc
601 North Larch Street – Sisters, Oregon 97759 USA
All non-English Language rights are contracted through: Gospel Literature
International,
PO Box 4060, Ontario, CA 91761-1003,USA

Traducción: *David Fuchs*
Edición: *Madeline Díaz*
Diseño interior y de cubierta: *Cathy Spee*

ISBN- 10: 0-8297-4863-6
ISBN- 13: 978-0-8297-4863-5

Categoría: Vida cristiana / Vida práctica / General

Impreso en Estados Unidos de América
Printed in the United States of America

06 07 08 09 10 ❖ 6 5 4 3 2 1

Contenido

UNO

Lo mejor está por llegar

Es DIVERTIDO VER CÓMO NUESTROS PUNTOS de vista acerca de la vejez cambian a medida que envejecemos.

Te lo demostraré con algo que escuché hace poco.

Cuando eras un niño y alguien te preguntaba: «¿Cuántos años tienes?», respondías: «Tengo cinco años y medio», y tratabas de sostener en alto cinco dedos y medio. Sin embargo, es probable que nunca escuches a un adulto decir: «Tengo cincuenta y seis años y medio». Por alguna razón, los adultos no se entusiasman tanto como los niños con esas mitades o tres cuartos de año.

Luego creciste un poco y te acercaste a tus años

de adolescencia, y decías: «Voy a *cumplir* dieciséis» (seguro solo tenías doce en ese momento). Entonces por fin la adultez llega y «cumples veintiún años». Suena como algo oficial. Pero en un abrir y cerrar de ojos estás entrando a los treinta. ¿Qué ha pasado? Cumpliste veintiuno, luego treinta… ¡y estás *acercándote* a los cuarenta! Cumpliste veintiuno, luego treinta, rebasaste los cuarenta, y antes de darte cuenta… ¡alcanzas los cincuenta! Luego *llegas* a los sesenta; y más tarde, con mucha velocidad, *enfrentas* los setenta.

Después de eso se vive de día en día.

Vas de los setenta a los ochenta y entonces el asunto es: «Llegué al miércoles». Y entre más envejeces: «Alcancé el almuerzo el día de hoy». Cuando llegas a la centuria, lo tienes claro. Alguien te pregunta: «¿Qué edad tienes?», y tú dices: «Tengo ciento un años y medio».

No hay dudas de que vivimos en una cultura obsesionada por la juventud. Todo parece girar alrededor de la gente joven, de lo que tienen que decir, o de lo que piensan sobre esto o aquello; y en ocasiones, aquellos que estamos entrando en años sentimos que no somos tan importantes como deberíamos.

Tenía que suceder.

Nosotros, los nacidos en la post-guerra «baby boomers», estamos finalmente envejeciendo. La generación que dijo: «No confíes en nadie con más de treinta años» está entrando ahora, incrédula y asombrada, a sus años dorados. ¿Cómo pudo esto pasar? ¿A dónde se fueron todos esos años?

Tratamos de revivir nuestra juventud.

Seguimos diciendo que todavía somos jóvenes (de corazón).

Encendemos la radio, sintonizamos una estación del recuerdo, escuchamos la vieja melodía «El rock de la cárcel», solo que quisiéramos que su título se actualizara como «El rock de la siesta».

Cuando piensas en ello, hay unos cuantos éxitos de las décadas del sesenta y el setenta, cuyos títulos debieran ser revisados para beneficio de los envejecidos «baby boomers». Por ejemplo, el tema de ABBA, «Chiquitita», de mi generación, debería llamarse ahora «Viejecita».

¿Recuerdas el sonado éxito de Leo Marini, «Señora bonita»? Ahora podría llamarse «Arruga bonita».

El éxito de Armando Manzanero, «Adoro», bien podría llamarse «Añoro». ¿Se acuerda de la canción de Los Panchos, «Amorcito corazón»? Ahora podría llamarse «Dolorcito de corazón».

Aquella canción de Leonardo Favio, «Quiero aprender de memoria», la renombramos como, «Quiero recuperar mi memoria».

Y no podemos olvidar a Palito Ortega con su canción «Despeinada», la cual podría llamarse «Medicada». ¡Imagínalo!

Lo creas o no, hay algunas ventajas al envejecer. ¿Has conocido a alguien de más de cien años de edad? Yo he tenido la oportunidad de sentarme con algunos de estos centenarios y valoro su perspectiva. Un reportero le preguntó a una mujer de ciento cuatro años de edad: «¿Qué es lo mejor de tener ciento cuatro años?» La anciana lo pensó por un momento y respondió: «No hay presión de grupo».

∽

La mayoría de nosotros no queremos que los demás sepan que estamos envejeciendo.

La mayoría de nosotros no queremos que los demás sepan que estamos envejeciendo. Pero, ¿cuál es el problema con tener algunos años? Afortunadamente, has aprendido unas cuantas cosas. Quizás tengas una bien ganada sabiduría que ofrecer. Existe un viejo proverbio francés que dice: «Los cuarenta son la vejez de la juventud y los cincuenta la juventud de la vejez». Si eso es cierto... ¡definitivamente soy una persona joven vieja!

MIENTRAS EL TIEMPO PASA

La vida sigue su curso... para todos nosotros. Una vez le preguntaron a Billy Graham cuál había sido la mayor sorpresa de su vida. Su respuesta fue: «La brevedad de la misma».

Estoy de acuerdo con él. He estado predicando por más de treinta años. Empecé cuando tenía diecinueve. En la actualidad tengo cincuenta y dos. Recuerdo con claridad mis primeras prédicas en reuniones. De modo inevitable alguien me presentaba como «joven», porque por lo general era más joven que todos los demás. Nunca me gustó que me señalaran así, me irritaba un poco. En la actualidad, si alguien me presenta como un joven, digo: «¡Gracias!»

Pero he aquí a lo que todo se reduce. Si has puesto tu fe y confianza en Jesucristo como nuestro Salvador, si le perteneces a él, no debes angustiarte por el paso de los años. Como cristianos, sabemos que lo mejor está por llegar. Mientras caminas día a día con el Señor viviendo de la forma que él quiere que lo hagas, vas a apropiarte de experiencias y recuerdos, una verdad depurada que será una bendición para ti y para otros más adelante en la vida, ya que elegiste las alternativas correctas e invertiste en las cosas adecuadas.

Si has puesto tu fe en Jesucristo, necesitas saber que él está en este preciso instante contigo, brindándote su ilimitado poder para apoyarte con los detalles de tu vida diaria. Su presencia lo cambia todo. ¿Y más adelante en el camino? Bueno, no hay de qué preocuparse con relación a nuestro futuro: ni de la vejez, ni de la muerte, ni de la nueva vida que espera al doblar de la esquina.

Si has puesto tu fe en Jesucristo no tienes que angustiarte por el paso de los años.

Podemos vivir de esa manera —en un estado de emocionante expectativa— sabiendo que cuando eres un creyente, Dios guarda lo mejor para el final.

En el segundo capítulo del libro de Juan, Jesús realiza un milagro que nos recuerda los dos aspectos de esta alentadora verdad: su poder para transformar nuestras situaciones más difíciles, y su promesa de un futuro y una esperanza que van más allá de nuestros sueños e imaginación.

EL ALMA DE LA FIESTA

Al tercer día se celebró una boda en Caná de Galilea, y la madre de Jesús se encontraba allí. También habían sido invitados a la boda Jesús y sus discípulos. Cuando el vino se acabó, la madre de Jesús le dijo:

—Ya no tienen vino.

—Mujer, ¿eso qué tiene que ver conmigo? —respondió Jesús—. Todavía no ha llegado mi hora.

Su madre dijo a los sirvientes:

—Hagan lo que él les ordene.

Había allí seis tinajas de piedra, de las que usan los judíos en sus ceremonias de purificación. En cada una cabían unos cien litros.

Jesús dijo a los sirvientes:

—Llenen de agua las tinajas.

Y los sirvientes las llenaron hasta el borde.

—Ahora saquen un poco y llévenlo al encargado del banquete —les dijo Jesús.

Así lo hicieron. El encargado del banquete probó el agua convertida en vino sin saber de dónde había salido, aunque sí lo sabían los sirvientes que habían sacado el agua. Entonces llamó aparte al novio y le dijo:

—Todos sirven primero el mejor vino, y cuando los invitados ya han bebido mucho, entonces sirven el más barato; pero tú has guardado el mejor vino hasta ahora.

Ésta, la primera de sus señales, la hizo Jesús en Caná de Galilea. Así reveló su gloria, y sus discípulos creyeron en él (Juan 2:1-11).

¿No te parece algo extraño que Jesús haya escogido una boda para lanzar su ministerio público? ¿O el hecho de que su primer milagro consistiera en abastecer de bebida la celebración de una boda?

¿No crees que sea un poco… casual? ¿No podía él haber escogido algo más espectacular? Si yo hubiese sido el asesor de relaciones públicas de nuestro Señor en ese momento, le habría aconsejado que no iniciara su carrera de Mesías de esa forma. Seguro hubiese establecido una estrategia más «lógica» para él.

Le habría dicho: «Bueno, Señor, como tu asesor de relaciones públicas pienso que, en lo concerniente a los milagros, empezaría con uno enorme y curaría a un hombre nacido ciego. Sería algo dramático. Tal cosa de seguro te colocaría en el noticiero estelar. O, mejor todavía, sana a un leproso. La gente ama eso. Pero si en *realidad* quieres dejar huella, levanta a alguien de su tumba. Eso catapultaría tu carrera».

~

¿No te parece extraño que Jesús haya escogido una boda para lanzar su ministerio público?

Jesús diría: «Pensaba convertir el agua en vino».

«¿Qué? ¿Por qué vas a *querer* un milagro como ese? ¿Dónde está el drama? ¿Dónde está la noticia?»

Pero eso fue justo lo que hizo. Tal como lo cuenta la historia en Juan 2, Jesús asistía a una boda, estaba conversando y disfrutando de la celebración del compromiso de entrega en matrimonio entre un hombre y una mujer.

Jesús, Creador de todo, fue el que inventó el matrimonio. (Penosamente, en la actualidad debemos añadir que solo hay un matrimonio que nuestro Señor establece y bendice: la unión de un *hombre* y una *mujer*.) Tiene sentido por lo tanto que se haya unido a las festividades y haya bendecido a esta joven pareja con su presencia. Siendo un carpintero poco conocido de Nazaret, todavía disfrutaba de un relativo anonimato mientras festejaba y celebraba en esta gozosa ocasión.

Pero, ¿convertir agua en vino? ¿Por qué el Mesías, el Hijo de Dios, empezaría su ministerio con un acto tan inusual?

Pensemos en ello por un momento…

SI JESÚS PUDO HACER ESTO…

El Señor realizó un milagro para traer felicidad y gozo a aquellos que celebraban la unión de un hombre y una mujer. Lo que Jesús hizo por esta joven pareja en su fiesta de bodas en Caná muestra que él puede intervenir en tu vida en cualquier momento y proveer exactamente lo que necesitas. En realidad, él podría ir mucho más allá para darte más de lo que jamás hayas pensado pedir o pudieras incluso soñar.

No se trató de un juego de manos como si se colocara un colorante púrpura para alimentos en esos inmensos barriles de cien litros de agua. Jesús creó un vino fino en un instante. Este era un vino que indicaba claramente que provenía de uvas de primera clase, crecidas en un viñedo saludable, bañadas durante una larga temporada por la cálida luz del sol del Medio Este, molidas en una prensa, almacenadas en pieles o barriles especiales, y añejadas con la más absoluta perfección.

Sé que hay personas que se consideran a sí mismas grandes conocedoras de vinos (yo no soy una de ellas). Pero si por casualidad estás cambiando los canales de la televisión y te detienes en un canal de comida, es posible que veas a un sujeto tomando pequeños sorbos de una copa de vino, moviéndola suavemente y expresando sus cualidades. Él te dirá más de lo que imaginabas saber sobre las complejas sutilezas de su aroma, su bouquet, su «acabado»… y mucho más. Para alguna gente (llamada en ocasiones los «esnobs del vino»), esta es una ciencia compleja.

Jesús creó seiscientos litros de un vino superior en un abrir y cerrar de ojos. Si hubiese querido, hubiera podido convertir todo el Mar de Galilea en un Cabernet (una vez convirtió al poderoso río Nilo en sangre). Pero limitó el milagro a estas seis tinajas en una fiesta de bodas en una pequeña comunidad de Caná.

Si Jesús pudo hacer esto… si pudo transformar agua genérica cambiando por completo su estructura molecular en un segundo para convertirla en un vino tan maravilloso que sorprendió y asombró a un experimentado catador… si pudo hacer esto… ¿qué

situación en tu vida puede ser tan compleja o sobrecogedora para él? ¿Qué desafío en tu vida podría
exceder *este*?

En ocasiones nos encontramos en una confusa
combinación de circunstancias frustradas, sintiendo
que las mismas están más allá de nuestro entendimiento, y tratamos de explicárselo todo al Señor
esperando que él pueda —de alguna forma— comprender lo que nosotros escasamente entendemos.

No te preocupes. Jesús discierne tu situación de
forma más profunda y detallada de lo que tú lo harías
si pensaras y te angustiaras por ella durante un mi-
llón de años. El milagro en el capítulo dos de Juan,
el primer acto sobrenatural de nuestro Señor, prueba
que él tiene el control de toda situación imaginable,
de lo más sutil, de los que parecen ser los detalles
más insignificantes. A través de este milagro, Jesús
mostró que tiene a su disposición, de manera inmediata e ilimitada, el poder para hacer cualquier cosa
que escoja hacer.

Es posible que no necesites que el agua corrien-
te se convierta en vino, pero entender y palpar la ilimitada fortaleza y sabiduría de nuestro Señor puede
ser muy importante… cuando el doctor te llama a su
oficina, te pide que tomes asiento y te dice que tienes un cáncer inoperable… o cuando el jefe te llama

por separado a una reunión y te dice: «Lo siento, pero tenemos que dejarte ir»… o cuando una cuenta inesperada llega… o cuando tu cónyuge te dice que él o ella quiere terminar el matrimonio… o cuando tu hijo se mete en problemas con la ley… o cuando recibes una sorpresiva demanda legal.

Es algo bueno —muy, muy bueno— saber que ninguna de estas cosas agarra a Dios por sorpresa, y que nada limita su habilidad de intervenir en nuestras vidas para transformar por completo las más reñidas, enredadas y convulsionadas situaciones, llevando a cabo las cosas más allá de nuestro entendimiento.

Al que puede hacer muchísimo más que todo lo que podamos imaginarnos o pedir, por el poder que obra eficazmente en nosotros, ¡a él sea la gloria … por los siglos de los siglos! (Efesios 3:20-21).

¿AHORA O NUNCA?

Jesús había dicho: «Llenen de agua las tinajas», y los sirvientes hicieron su parte. Siempre hay una parte para que Dios la lleve a cabo y otra para que nosotros la realicemos.

Una vez que las tinajas estuvieron llenas de agua, por supuesto, esta se convirtió en vino. El

encargado del banquete supo que algo extraordinario sucedía luego del primer sorbo. Casi puedo
ver la cara de sorpresa y asombro de aquel hombre.
¿De dónde habrían sacado estos muchachos una cosecha como esta? Era indudable que ese era el mejor
vino que jamás había probado y que posiblemente
probaría en su vida.

Una mirada de perplejidad debió haberse plas-
mado en su rostro. Llamó al novio: «Todos sirven primero el mejor vino, y cuando los invitados ya han
bebido mucho, entonces sirven el más barato; pero tú
has guardado el mejor vino hasta ahora» (Jn 2:10).

Dios siempre guarda lo mejor para el final. Ese
es su estilo, ese es su plan.

No sucede así con Satanás. Su postulado es:
Toma lo mejor ahora, mientras puedas hacerlo.
¿Quién sabe lo que vendrá después? Al diablo le
gusta sacar su artillería pesada. Él ofrece su utile-
ría más seductora y provocativa al principio, en especial cuando eres joven. Resulta increíble cuántos
hombres y mujeres jóvenes —con todo su futuro y
potencial por delante— arruinan y destruyen sus vidas con las drogas, el alcohol y la inmoralidad. Y
aun así, cada nueva generación de gente joven que
aparece actúa como si ellos fueran los que descu-
brieron todas estas cosas.

Dios siempre guarda lo mejor para el final.
Ese es su estilo, ese es su plan.

El demonio es muy hábil en el momento de exhibir su mercancía. Ni el mejor centro comercial puede igualarlo. Satanás puede hacer que toda mercancía mala se vea en realidad bien. La desliza frente a ti y te dice: «¡Oye! Tienes que hacer esto. Tienes que probar esto. No escuches lo que tus padres te dicen». Él sabe cómo hacer que estas situaciones arriesgadas parezcan un camino recto, así como algo atractivo y seductor. Después de todo, ha tenido como seis mil años para practicar con los hombres y mujeres y perfeccionar sus técnicas. Al mismo tiempo, puede hacer que las cosas infinitas (de valor eterno) se vean como un periódico viejo, mostrándolas en verdad insípidas.

Cuando Eva estaba en el Jardín del Edén y vio el fruto prohibido, se sintió fuertemente atraída hacia él. Cuando reflexiono sobre esta escena, no pienso por cierto en la caracterización tradicional de una «manzana». (¿De dónde sacó la gente este asunto de la manzana? No era una manzana lo que estaba creciendo en ese árbol.) En lo personal, me imagino un durazno dorado… rojizo, bastante maduro, casi brillante en el atardecer, jugoso y listo para caerse de la rama directo en tu mano. Francamente, una manzana no me hubiera atraído en lo absoluto. Yo puedo tomar o no una manzana. ¡Mmm! ¿Pero un durazno dulce y grande? Me parece estar viéndolo. Debe haberse visto muy bien, porque la Biblia dice que era placentero a la vista.

El demonio diría: «¡Prueba esto!»

Y al principio se ve bien. ¡Así es! Y ese primer bocado es emocionante. Pero más adelante… la historia es diferente. En este preciso momento estoy pensando en una famosa cadena de rosquillas. Ellos se dedican a hacer unas rosquillas que se deslíen en tu boca como el maná. Te parqueas temprano en la mañana al ver encendido el rótulo que dice «caliente». Quieres las rosquillas frescas. En lo que a mí respecta, todo gira alrededor de las rosquillas glaseadas. Cuando estas famosas rosquillas están frías, son poco menos que una creación terrenal ordinaria, pero cuando acaban de salir de la freidora, brillando con su glaseado… ¡ahh! Es lo más cerca que estarás del cielo aquí en la tierra. Para llevar la sensación al siguiente nivel, definitivamente necesitas acompañarlas con leche fría. Lo que más he comido de una sentada han sido cinco rosquillas.

¡Oh! En realidad saben maravilloso. Pero diez minutos más tarde, odias la vida. Ingeriste una mayor cantidad de azúcar y tu entusiasmo temporal rápidamente da paso a una aplastante depresión. Y encima de todo, tienes una bola de rosquillas grasosas ubicada en tu estómago. Luego, por supuesto, si haces de esto un hábito regular, tus pantalones no entallarán.

El pecado puede ser así. Te dices: «Olvídate de mañana. Olvídate del tema "lo mejor está por llegar". Me voy a divertir ahora». La primera vez resulta divertida, la experiencia parece ser en realidad buena cuando acaba de salir de la freidora. La segunda ocasión todavía resulta frenética. La tercera vez comienzas a sentir los efectos… y ya no es tan divertida. Una hora más tarde, te preguntas: *¿Qué estaba pensando? ¿Por qué hice esto? ¡Es horrible!* Ahí es cuando te golpean la culpa y el arrepentimiento y empiezas a comprender las repercusiones de lo que has hecho.

Sí, el demonio siempre exhibirá una mercancía atractiva, ya que sabe cómo hacerlo y conoce qué es lo que funciona. Pero el precio es siempre, siempre demasiado caro. ¡No caigas en su trampa!

¿Por qué? Porque el tiempo pasa, los años se deslizan. Antes de que te des cuenta tendrás más años detrás que delante de ti... y te encontrarás mirando al pasado. Entonces, todo será increíblemente desolador y vacío si has permitido que Satanás y la carne hagan lo suyo.

¿QUÉ (EN REALIDAD) ME HE PERDIDO?

Me asombra que aunque estoy en mis cincuentas, aún coincido con gente con la que fui al colegio en el sur de California. Me encuentro con gente que conocí en aquellos años en cualquier lugar, ya sea un centro comercial o bien en la playa. Me toma un par de minutos ver el curso que han tomado sus vidas y la tristeza que ahora viven cada día de sus existencias.

Le entregué mi vida a Cristo a los diecisiete años. ¿Me perdí de algo? Supongo que sí. Me perdí muchas fiestas, me perdí muchas experiencias, me perdí muchas cosas que otros chicos de mi edad hacían. Pero ahora, habiendo pasado más de treinta años, veo lo que eso les ha hecho a ellos... Algunos van por su cuarto e incluso quinto matrimonio; unos cuantos todavía son adictos, viviendo la vida como si fuera una fiesta; otros, simplemente andan preguntándose no sé qué cosa en una vida vacía y sin sentido. Los miro y digo: ¿Me perdí en realidad algo?

Para mí, la vida solo se ha puesto mejor. No necesariamente más fácil, o menos complicada, o con menos presiones, o libre de problemas. Solo *mejor*. Más rica, más profunda, más satisfactoria.

~

Mientras los años pasan y las experiencias se construyen, comienzas a cosechar lo que has sembrado.

Cada día, cada mes, cada año caminando junto a Jesucristo, es mejor y mejor.

Me dirás: «Greg, ese es un agradable mensaje para predicar en un centro de retiro, pero ¿qué tiene que ver conmigo?» La verdad es que ese mensaje puede ser más importante para la gente joven. ¿Por qué? Porque tú determinas el final de tu vida al principio de ella. Decides ahora dónde vas a estar dentro de veinte años por las elecciones que haces y los caminos que tomas.

¿Estás en una encrucijada en este momento de tu vida?

Dios dice: «Hoy pongo al cielo y a la tierra por testigos contra ti, de que te he dado a elegir entre la vida y la muerte, entre la bendición y la maldición. Elige, pues, la vida, para que vivan tú y tus descendientes» (Deuteronomio 30:19).

Mientras los años pasan y las experiencias se construyen, comienzas a cosechar lo que has sembrado. Siempre sufriremos las consecuencias de nuestras palabras o acciones… siempre será igual. La Biblia dice: «No se engañen: de Dios nadie se burla. Cada uno cosecha lo que siembra. El que siembra para agradar a su naturaleza pecaminosa, de esa misma naturaleza cosechará destrucción; el que siembra para agradar al Espíritu, del Espíritu cosechará vida eterna» (Gálatas 6:7-8).

Tienes dos caminos, ya sea cosechar las amargas repercusiones de una vida pecaminosa o disfrutar del dulce fruto de una vida santa.

Cada día, desde el momento en que te levantas en la mañana, estarás sembrando para la naturaleza pecaminosa o para el Espíritu. Con ello quiero decir que o bien te estarás edificando espiritualmente y acercándote a Dios, o bien renegando de los asuntos espirituales y persiguiendo cualquier cosa que te atraiga en ese momento, viviendo en base a tus impulsos, caprichos y deseos.

Esa es una elección que cada uno de nosotros debe hacer. No hay una «tercera» opción.

Si eres cristiano, sabes que lo mejor de la vida está por llegar. Lo mejor de la vida está por llegar en tu crecimiento como persona que camina junto a Dios y se parece más a Jesús cada día. Sí, nosotros los cristianos mientras envejecemos, al igual que todos los demás, tenemos los mismos problemas de salud, padecimientos y dolores. Pero sabemos que la vida va más allá de este cuerpo. Sabemos que hay vida con «V» mayúscula al otro lado, cuando entremos en la presencia de Dios. Es cierto, lo mejor está por llegar.

Si no eres cristiano, lo peor está por llegar. No importa cuánta diversión estés disfrutando en este momento, o qué grandes experiencias estés acumulando. Lo peor está por llegar, porque la Biblia dice que cosecharás lo que siembres. Las Escrituras nos hablan de un juicio en el futuro, en el cual se te pedirá cuentas de cómo viviste tu vida y —lo más importante— de lo que hiciste con Jesucristo.

El milagro en las bodas de Caná ocurrió porque Jesús estaba *invitado*. Ellos le invitaron a su casa, a su boda; le invitaron a compartir su gozo y… ¡adivina qué! Él fue, asistió a la fiesta, y gracias a que estaba allí, cambió una vergonzosa carencia en un milagro de provisión. Se hizo cargo de una situación imposible y le dio un giro que nadie pudo imaginar.

Jesús sigue haciendo lo mismo, pero nunca va a irrumpir en tu vida (en tus preocupaciones, miedos y tristezas) sin ser invitado. Él espera que le invites. Una vez que le hayas invitado a ser parte de la fiesta, no tienes ni la más mínima idea de lo determinante que puede ser en tu vida de hoy.

¿Y qué hay del mañana? Lo acabo de decir, lo mejor está por llegar.

DOS

Creer para ver

No hace mucho me desperté temprano un sábado por la mañana y pasé frente a la habitación de mi hijo de dieciocho años, Jonathan.

La puerta de su habitación estaba abierta, y al mirar en el interior, pude ver que su cama estaba tendida y él no estaba ahí. Me paré en la puerta por un momento tratando de procesar lo que veía. Entonces entré en pánico. Un escalofrío recorrió mi cuerpo. *¿Dónde está? ¿Qué le pasó? ¿No vino ayer en la noche? ¡Debí haberle esperado despierto!* Caminé hasta la habitación de su hermano y le desperté.

—¡Christopher! ¿Dónde está Jonathan?

—No sé, papá —balbuceó—. No vi su auto ayer por la noche.

¡No había venido a casa! ¿Habría tenido algún accidente o fue víctima de un asalto? ¿Estaría en algún hospital, o algo peor aun?

Luego se me ocurrió que *posiblemente se había quedado en la casa de su amigo a pasar la noche*. Llamé a la casa del amigo, desperté a alguien y, como era de esperarse, ahí estaba él. Mi esposa, sencillamente, se había olvidado de avisarme. Pero yo había pensado al instante lo peor y me dejé llevar por el temor.

Ese es el problema con el temor. Le gusta juntarse con una compañera llamada preocupación. El temor y la preocupación trabajan en pareja, como Batman y Robin. Y antes de que te des cuenta, te tienen atrapado en el juego del «Y si...» Estas dos emociones son muy poderosas.

La preocupación es una de las fuerzas más destructivas que una persona puede experimentar. Investigaciones médicas recientes han mostrado que la preocupación puede disminuir nuestra resistencia a la enfermedad. Más aun, puede generar enfermedades del sistema nervioso, de los órganos digestivos y del corazón. Se ha dicho que la preocupación excesiva puede literalmente acortar la vida humana.

*Al temor le gusta juntarse con una
compañera llamada preocupación.*

¿No es esto irónico? Porque una de las cosas
que más nos preocupa es cuánto tiempo vamos a
vivir.

Hace unos años, recuerdo haber visto un programa de noticias en la televisión local en el cual atraían
a la audiencia con un reportaje sobre un hombre de
cien años de edad que iba a dar su secreto para tener
una larga vida. Bueno, yo sentía curiosidad (justo lo
que ellos querían), y me quedé viendo el programa
hasta el final, cuando mostraron una entrevista muy
breve con este anciano caballero.

¡Qué fraude!

Los reporteros le preguntaron:

—¿Cuál es su secreto para vivir tanto tiempo?

Su respuesta fue poco menos que inesperada.

—Bueno, señor —dijo pausadamente—, cada
día como un perro caliente.

¿*Un perro caliente*? ¿Eso era todo? Uno hubiera
pensado que iba a responder algo como: «Siempre
he sido vegetariano» o «Soy muy metódico al momento de ejercitarme». Pero no, cada día de su vida
se zampaba una grasosa salchicha untada de mostaza

y pepinillos. Luego mostraron la clase de perros calientes que comía. No eran de los saludables y bien presentados, hechos de carne seleccionada, sino de los más baratos que se pueden comprar. ¡Quién sabe cómo estarían preparados! No podía creerlo. ¿La fuente de la juventud era una salchicha barata?

Pero el hecho es que le puedes hacer a tu salud cosas peores que comer perros calientes de baja calidad. La ansiedad y la preocupación pueden quitarle años a tu vida y vida a tus años. Un sinónimo de la palabra preocupación es «inquietud», es decir, falta de quietud o calma. Eso es exactamente lo que ella hará si se introduce en nuestras vidas.

LA SEGUNDA SEÑAL

En el capítulo anterior leímos sobre el primer milagro de nuestro Señor en las bodas de Caná de Galilea. Dos capítulos más adelante, en el mismo Evangelio, Juan cuenta la historia de un hombre muy preocupado, lleno de pánico y ansiedad (que fue ante Jesús en un momento de sobrecogedora necesidad). Tenía una buena razón por la cual estar atemorizado; su querido y amado hijo yacía en casa con una fiebre muy alta, cercano a la muerte. De alguna forma él se enteró de que Jesús de Nazaret estaba en los alrededores. Por eso dejó a su hijo en el lecho y salió en busca del misterioso rabino del que todo el mundo hablaba.

Y volvió otra vez Jesús a Caná de Galilea, donde había convertido el agua en vino. Había allí un funcionario real, cuyo hijo estaba enfermo en Capernaúm. Cuando este hombre se enteró de que Jesús había llegado de Judea a Galilea, fue a su encuentro y le suplicó que bajara a sanar a su hijo, pues estaba a punto de morir.

—Ustedes nunca van a creer si no ven señales y prodigios —le dijo Jesús.

—Señor —rogó el funcionario—, baja antes de que se muera mi hijo.

—Vuelve a casa, que tu hijo vive —le dijo Jesús.

El hombre creyó lo que Jesús le dijo, y se fue. Cuando se dirigía a su casa, sus siervos salieron a su encuentro y le dieron la noticia de que su hijo estaba vivo. Cuando les preguntó a qué hora había comenzado su hijo a sentirse mejor, le contestaron:

—Ayer a la una de la tarde se le quitó la fiebre.

Entonces el padre se dio cuenta de que precisamente a esa hora Jesús le había dicho: «Tu hijo vive.» Así que creyó él con toda su familia.

Ésta fue la segunda señal que hizo Jesús después que volvió de Judea a Galilea» (Juan 4:46-54).

Fíjate que Juan identifica estos dos milagros (convertir el agua en vino y curar al hijo del funcionario real) como señales. En otras palabras, estas son caracterizaciones que no solo narran un evento… también nos señalan una profunda verdad.

¿Qué tienen en común estas demostraciones del poder del Señor? En ambos casos, ante ambas señales, la gente creyó. Después de que Jesús convirtió el agua en vino, leímos que sus discípulos creyeron. En la segunda señal (la sanidad del hijo del funcionario real), leemos que este hombre y su familia creyeron también. Estos dos milagros provocaron que la gente creyera.

Ahora, ¿en qué se diferencian los dos milagros?

La primera señal de Jesús se realizó en una boda, en un ambiente festivo y de celebración. El segundo milagro (la sanidad), ocurrió en medio de la enfermedad, la desesperación, una gran ansiedad y bajo una sombra de muerte. La primera es una imagen de gozo y la otra de tristeza.

⌒

Nuestras vidas tienen días de felicidad y regocijo, así como de intensa ansiedad y pesar.

La vida está llena de ambas cosas, ¿no es así? Al colocar estos dos milagros, uno junto al otro, Juan nos muestra la eficacia de nuestro Señor para satisfacer nuestras necesidades *sin importar lo que estemos enfrentando*. Un comentarista lo expresó de la siguiente manera: «Jesús nos ayuda por igual cualquiera sea la situación. Él está en toda circunstancia. Si lo invitamos en nuestros tiempos de despreocupada alegría, aumentará nuestro gozo. Si lo invitamos en nuestros tiempos de tristeza, ansiedad o duelo, puede darnos un consuelo, ánimo y gozo que no son de este mundo».[1]

Es probable que te encuentres con un corazón relajado en medio de una época de luminosa felicidad. ¡Saboréala, gózala, deléitate en ella! Viene de la mano de Dios, pero no durará para siempre. Por otro lado, es posible que estés enfrentando días de terrible dificultad. Aprende a sobrellevarlos,

aférrate del Señor Jesús, de tu fe y de las promesas de Dios. La oscuridad tampoco durará para
siempre.

Estas son las buenas noticias: cualquiera fuere
tu situación, Jesús está ahí para ti, para compartir tu
gozo y celebrar a tu lado, como hizo en el milagro
de Caná; y también para consolarte y fortalecerte en
tiempos de temor y tristeza, como hizo con aquel
acongojado funcionario. Cualquiera sea tu necesidad «inmediata», él es el Dios del ahora. Y sea cual
fuere tu situación en los años que Dios te permita
vivir… lo mejor está por llegar.

*Cualquiera sea tu necesidad inmediata, él es el
Dios del ahora.*

UN HOMBRE PREOCUPADO

¿Quién era ese hombre que se presentó ante Jesús?
Juan lo identificó como un funcionario real (parte
de la corte de Herodes, quizás un miembro de la familia real). Con certeza podemos concluir que este
hombre poseía una sustancial riqueza, como co-
rrespondía a uno de los colaboradores de Herodes.
Este individuo, de acuerdo al estándar de cualquier

persona, poseía todo lo que uno puede desear en la vida.

Todo menos tranquilidad.

Su hijo había contraído fiebre, y este amoroso padre yacía impotente mirando cómo la preciosa vida de su niño se le escapaba. Y ahora su hijo se encontraba al filo de la muerte.

Como pastor debo realizar llamadas al hospital y he estado con mucha gente cercana a la muerte. Este es uno de los retos que acompañan a la tarea de ser ministro. Pero lo más difícil es ver a un niño sufrir. Realizar un servicio funerario para un niño es una de las cosas más duras que he debido hacer. Ningún padre quiere sobrevivir a sus hijos.

Este era un hombre que amaba profundamente a su hijo y sabía que su vida pendía de un hilo. No había nada que todo su poder, riqueza y prestigio pudieran hacer al respecto. Es posible que tuviera los más codiciados vínculos con el palacio de Herodes y el gobernador romano, pero el único nexo que importaba en aquel día era su conexión con el Dios del cielo. Por ello, de modo sabio, se presentó ante Jesús.

En ocasiones, la gente cree que el dinero puede resolver todos sus problemas. *Oh Dios, si pudiera ganarme la lotería. ¡Entonces diezmaría! ¡Ayudaría a los misioneros*! *Si me saco el premio gordo, todas mis preocupaciones terminarán*. Por supuesto, eso no es cierto. Es verdad que el dinero puede aliviar ciertos problemas. Pero también puede crear algunos peores de los que soluciona.

NO PUEDES COMPRAR AMOR

En una entrevista, el actor Sylvester Stallone habló acerca del impacto que el dinero había tenido en su vida. Él es una celebridad con una respetable cantidad de películas comercialmente exitosas, un famoso programa de televisión, y una gran cantidad de dinero en su haber. Stallone le dijo al periodista: «El dinero no te da tranquilidad, en realidad, el dinero trae consigo más problemas. Todo se magnifica mil veces. No es que me queje, pero una vez que haces dinero crees que todo se torna color de rosa, y no es cierto —agregó Stallone—, el dinero saca a relucir las más viles características que te puedas imaginar de la personalidad de los demás».

Este funcionario real de Capernaúm tenía riquezas y seguridad financiera, pero ninguna de esas cosas podían ayudarle cuando llegó la adversidad. Hay muchas, muchas cosas que el dinero no puede comprar. Tal como dice la canción de los Beatles,

«Money can't buy me love» [No puedes comprarme amor].

Hay además otras cosas que el dinero no puede comprar. El dinero puede comprar una cama de tres plazas, pero no puede comprar una noche de sueño reparador. El dinero puede comprar una casa enorme, pero no puede comprar un hogar. El dinero puede comprar compañía por una noche, pero no puede comprar amistad. Y tal como lo vimos en la historia del Evangelio de Juan, el dinero tampoco puede comprar la vida y la salud.

La sombra de la adversidad y la tristeza se había filtrado en el hogar de este hombre... tal como lo hará tarde o temprano en la casa de todos. No se trata de *si* sucede, sino de *cuando* esto ocurre. Este hombre no sabía qué hacer ni a dónde ir. Pero cuando se enteró de que este extraordinario maestro, Jesús de Nazaret, estaba a veinticinco kilómetros de Capernaúm, supo que debía ir ante él lo antes posible. Con seguridad, podemos asumir que montó el caballo más veloz de sus establos. Cabe resaltar que no envió a nadie en su lugar. Él mismo fue hasta el Señor con la más apremiante petición de su vida.

Cuando este hombre se enteró de que Jesús había llegado de Judea a Galilea, fue a su

encuentro y le suplicó que bajara a sanar a su
hijo, pues estaba a punto de morir (v. 47).

Imagina la escena, Jesús caminando por la calle, en
medio de la multitud aclamándole. Y de repente,
este funcionario irrumpe sobre una hermosa cabal-
gadura, vestido con finos ropajes reales. Seguro que
la gente se volteó para ver.

Desmontó con rapidez y se dirigió a Jesús. La
palabra que aparece como «suplicó» significa que le
rogó. Él le imploró a Jesús por la vida de su hijo.

«Señor, por favor, te ruego, te pido que toques a
mi querido hijo. El hijo que tanto amo está murien-
do. Señor, por favor, haz algo».

En ese momento, a mi parecer, en lo último que
estaba pensando ese funcionario real era en su imagen. No le importaba cómo se veía al rogarle a Jesús
por ayuda. No le importaba lo que la gente pensaba.
No le importó estar de rodillas en el polvo con sus
ropas finas. No le importó si era adecuado, correcto
o digno. Lo único que le importaba era su hijo.

NO ES LA RESPUESTA QUE
ESPERÁBAMOS

Ahora, una de las cosas que este funcionario real
y, todo el resto de nosotros, tenemos que aprender

sobre la oración, es que aunque Dios responde todas las oraciones, no siempre lo hace en la forma que queremos o esperamos. Pero nuestra fe debe ser lo suficiente profunda y amplia para acoger y contener la respuesta que Dios nos dé, cualquiera que esta sea. El Señor nos responde de la forma que él escoge.

~

Jesús quería salvar el alma eterna de un hombre.

Jesús deseaba curar al hijo de este hombre, pero no respondió de inmediato. ¿Por qué? Porque él quería obtener algo más grande de esa situación que la sola sanidad de la enfermedad física de este niño.

Él quería salvar el alma eterna de un hombre.

Y ese es el final feliz de esta historia. El funcionario real y su familia pusieron su fe a Jesús. Aunque a veces no lo parezca, hay algunas cosas más importantes que pagar tus deudas, restablecer tu salud o resolver cualquier crisis que estés enfrentando en el momento. El asunto más crucial en la vida es llegar a tener una buena relación con Jesucristo. Ninguna otra prioridad se le acerca siquiera. En ocasiones, Dios permitirá la calamidad y la penuria para obtener tu atención, para despertar tu necesidad de un Salvador.

C. S. Lewis escribió en *El problema del dolor,* que Dios nos susurra en nuestros placeres, nos habla en nuestra conciencia, pero nos grita en nuestro dolor. Él declara al dolor como «el megáfono de Dios para levantar a un mundo sordo».[2] En ocasiones, Dios susurra y no le prestamos atención. A veces Dios habla y no respondemos. Nos llama y no contestamos el teléfono. Por eso saca el megáfono del dolor y es entonces que nos despertamos con rapidez.

Eso le estaba sucediendo al papá de nuestra historia. Estaba sufriendo mucho dolor e invoca a Jesús. Suplica por una respuesta, pero la contestación del Señor parece sorprendentemente abrupta y franca.

Ustedes nunca van a creer si no ven señales y prodigios —le dijo Jesús (v. 48).

¡Vaya! ¿No es esto un poco severo? ¿No fue tal vez un poco duro de corazón? ¿Cómo se puede responder algo así a un hombre en ese estado de obvia angustia? Es como si Jesús le echara un vaso de agua fría en su cara. ¿Cómo pudo el Señor ser tan distante y poco compasivo?

En realidad, ese no es el caso en lo absoluto. Si miramos de cerca, se nos revelará algo diferente por completo. Jesús no estaba despreciando ni insultando a este hombre, estaba aprovechando aquella circunstancia para llevar a esta persona a un nivel espiritual más avanzado. Primero que todo, cuando Jesús dice: «Ustedes nunca van a creer si no ven señales y prodigios», lo hace en plural. Él usó este encuentro como una oportunidad para dirigirse a la multitud. Lo que en esencia Jesús le estaba diciendo a la gente a su alrededor era: «El problema es que ustedes se preocupan por lo extravagante de los milagros y no tienen interés en Dios».

¡Me encanta este funcionario real! De rodillas frente a Jesús, no se daba por vencido. No permitió que lo desalentaran o disuadieran, siguió ahí perseverando, implorando y rogándole al Señor.

¿Tienes un problema grave que esté oprimiendo tu corazón? Es posible que no sepas qué dirección tomar o qué hacer. Te despiertas a las tres de la mañana y tan pronto abres los ojos te llenas de preocupación. ¿Te ha pasado eso alguna vez? Comienzas a pensar… *¡Oh, no! ¿Qué tal si sucede esto? ¿Qué* *haré*? Y entonces te desvelas y no puedes volver a dormir ni a descansar.

Te voy a hacer una sugerencia. La próxima vez que suceda esto, la próxima vez que te despiertes y la preocupación golpee a tu puerta, envía al Señor a responder. Dile: «Señor, te encargo esto a ti. No tengo la habilidad de manejarlo, en especial a las tres de la mañana. Por ello, lo dejo en tus manos. Yo volveré a dormir. Nos vemos en la mañana, Señor». Esto no es un modo de escabullirse. Se trata de una persona que entiende el poder de la oración, una persona que confía en el Señor con todo su corazón y no en su propia inteligencia, como dice Proverbios 3:5-6.

Fíjate cómo Jesús le responde al funcionario real en el versículo 50. Él le dice: «Vuelve a casa, que tu hijo vive». Jesús le había puesto una prueba a este hombre y él la superó. La primera respuesta del Señor había parecido un rechazo del acongojado padre, pero en realidad le estaba dando una oportunidad. Él estaba diciendo: «Hijo, haré lo que pides, pero quiero que seas persistente. Quiero que no cedas y permanezcas siempre a mi lado».

Es posible que mientras lees este libro estés enfrentando tu propia crisis, tu propia «noche oscura del alma». Quizás hayas llamado al Señor, pero no has encontrado una respuesta afirmativa. No te des por vencido. Sigue orando, sigue el ejemplo del hombre de la historia.

~

La próxima vez que te despiertes y la preocupación golpee a tu puerta, envía al Señor a responder

Por fin Jesús dijo las palabras que este preocupado padre ansiaba escuchar: «Vuelve a casa, que tu hijo vive». Una interpretación más detallada podría ser: «Puedes irte. Tu hijo está vivo. *Él vive ahora*». Nota que en estas palabras Jesús responde la oración del padre y al mismo tiempo la niega. El funcionario real no solo ha orado para que su hijo sea sanado, sino que sin darse cuenta intentó dictar los términos de esa sanidad. No creo que pretendiera hacerle demandas específicas a Jesús, pero la implicación era clara: «Señor, sé que vivo a veinticinco kilómetros de aquí y sé que estás ocupado… pero por favor, debes venir conmigo a mi casa para que veas a mi hijo. Te lo imploro, Señor».

Pero el Señor básicamente le respondió: «No, no puedo ir a tu casa. No necesito hacerlo. Tu hijo está bien, te doy mi palabra». Eso era todo lo que este hombre pudo conseguir… la palabra de Jesús… y era todo lo que necesitaba.

A algunos les gusta decir: «Ver para creer». Jesús diría: «Creer para ver». Fíjate en el verso siguiente: «El hombre creyó lo que Jesús le dijo, y se fue» (v. 50).

Él tenía fe, ya que la fe ve lo que no se puede ver. Basado en las palabras de Jesús (sin un teléfono celular con el cual confirmar) este funcionario real vio a su hijo sano y saludable. No solo creyó, sino que lo dio por sentado. Se dio la vuelta y sin decir una palabra se alejó.

Hebreos 11:1 dice: «Ahora bien, la fe es la garantía de lo que se espera, la certeza de lo que no se ve».

COMPROBANDO EL TIEMPO

No obstante, veamos un giro interesante de esta historia. En los versículos 51 y 52 de Juan 4 dice: «Cuando se dirigía a su casa, sus siervos salieron a su encuentro y le dieron la noticia de que su hijo estaba vivo. Cuando les preguntó a qué hora había comenzado su hijo a sentirse mejor, le contestaron: "Ayer a la una de la tarde se le quitó la fiebre"».

Pon atención a la palabra *ayer*.

Tal cosa quiere decir que el funcionario real

regresó a su casa *al día siguiente*. Así que he aquí lo que sucedió: Una vez que Jesús afirmó que su hijo viviría y sanaría, el padre decidió quedarse en Caná a pasar la noche. Si hubiese sido yo, habría subido a mi caballo y galopado en dirección a mi hogar lo más rápido posible. Si en verdad me apresuraba, es probable que llegara a la hora de la cena. Pero de forma sorprendente, el otrora angustiado funcionario se quedó a pasar la noche en el pueblo. Luego se fue a su casa al día siguiente y los sirvientes le encontraron en el camino y le dieron las buenas noticias que él ya sabía.

¡Esto me asombra! Es como si el hombre hubiese pensado: *¿Por qué apresurar mi regreso a casa? El niño está bien, tengo la palabra del Maestro. Después de todo, ¿con cuánta frecuencia vengo a Caná? Además, hay un excelente restaurante de mariscos que siempre he querido visitar. ¿Por qué no hacerlo? Jesús dijo que todo estaba bien en casa.* Para mí, esta es una gran declaración de una fe real en la vida de este padre.

Los sirvientes le esperaban con las gloriosas noticias y él les preguntó: «¿A qué hora pasó esto?» Le respondieron que a la una de la tarde. Puedo visualizar al funcionario asintiendo con su cabeza, mostrando una gran sonrisa en su rostro, ya que él había comprobado la hora cuando Jesús le dijo: «Tu hijo vive». El funcionario había mirado su reloj de pulsera de sol y se había dicho: «Está bien, es la una de la tarde. Mañana les preguntaré a mis sirvientes a qué hora el niño se sintió bien». Así que cuando los sirvientes confirmaron el tiempo exacto, su fe y gozo aumentaron.

La diferencia está en la fe, en creer que Jesús es capaz y desea hacer lo que ha prometido.

¡Cuán diferente debió haber sido la cabalgata de este funcionario real al salir y al llegar a su casa! Cuando salió a buscar a Jesús, seguro iba sin aliento, con su corazón latiendo apresuradamente. Pero la cabalgata de regreso fue relajada, sobre todo después de haber pasado la noche en el «Hilton Caná». Su ansiedad había desaparecido como un mal sueño. La diferencia está en la fe, en creer que Jesús es capaz y desea hacer lo que ha prometido. ¿Con solo un toque? Ni siquiera así… con solo una palabra.

PONIENDO EN MARCHA TU FE
¿Qué hemos aprendido de esta historia que se aplique a nuestra propia vida?

Aprendimos que cuando la crisis llega, debemos correr a Jesús. Pedro nos dice: «Depositen en él toda ansiedad, porque él cuida de ustedes» (1 Pedro 5:7). No retrocedas, no te rindas, sigue orando. Continúa presentándole tu necesidad al Señor. Sigue depositando tus preocupaciones y ansiedades en él, incluso aunque tengas que hacerlo a cada minuto a través del día.

¿Estás atravesando una crisis ahora? Preséntasela a Jesucristo, eso es lo que él te pide que hagas. Más aun, él te ordena que lo hagas.

¿Qué más aprendimos? *No le digas a Dios cómo responder, simplemente confía en él*. Jesús no hizo todo lo que el oficial le solicitaba ese día; su respuesta no fue justo lo que ese angustiado padre hubiera pensado. Sin embargo, confió en Jesús de todas maneras… y el resultado fue exactamente lo que él quería. Nosotros debemos hacer lo mismo. Hay ocasiones en las que Dios permite que sucedan ciertas cosas en nuestras vidas que parecen no tener ningún sentido lógico. Es ahí cuando debemos aprender a confiar en él, saber que el Señor terminará lo que ha empezado. Dios no hace las cosas a medias.

Muchos de nosotros tenemos fe, solo que no la usamos. Y si no la usas, no es de mucha ayuda en tu vida diaria.

Mucha gente en el sur de California conduce vehículos «todoterrenos» en la actualidad. Cuando estás comprando uno, quieres saber acerca de las características de la tracción en las cuatro llantas. Le dices al vendedor: «Explíqueme qué puede hacer este vehículo». Miras las asombrosas fotografías del auto de tus sueños escalando montañas en un ángulo de cuarenta y cinco grados, abriéndose paso a través del lodo, o cruzando algún río con el agua hasta las ventanas.

Entonces respondes: «¡Perfecto, me lo llevo!» Y compras algunos accesorios para que se vea imponente, como si estuviera listo para recorrer el lado montañoso de la luna.

¿Pero alguna vez lo sacas a que se ensucie? «¿Estás bromeando? ¿Sabes cuánto pagué por esta cosa?» Te quedas en el asfalto el tiempo que te dure el auto, y lo llevas a lavar dos veces a la semana para mantenerlo limpio y brillante. Tienes la *capacidad* para conducir por un terreno escabroso, pero nunca dejas que esas enormes llantas pisen la grava. Te es suficiente con saber que la capacidad está disponible para ti si alguna vez la necesitas (cosa que la mayoría de los que vivimos en el sur de California nunca hacemos).

Lo mismo nos puede pasar con la fe. Nos imaginamos que estamos llenos de ella… hablamos de ser fuertes en nuestra fe… pero nunca queremos usarla. La misma nunca sale del estacionamiento al mundo. Dios quiere hacer crecer en nosotros una fe activa, fuerte y lista para los inevitables infortunios y pruebas de la vida.

Hay una última enseñanza en esta historia. *Debemos aceptar la Palabra de Dios dada a nosotros por fe y no permitir que nos embargue la preocupación y el temor.* El funcionario se encontraba en una de las más duras circunstancias por las que un padre puede atravesar. No obstante, él decidió poner toda su fe en la Palabra de Jesús.

¿Crees en la Palabra de Dios para ti? Dios te ha hablado en las páginas de la Biblia, te ha dado promesas —miles y miles de promesas— que puedes atesorar. Pero no experimentarás ningún beneficio en tu vida a menos que te tomes un tiempo para leer las Escrituras, memorizar algunas promesas de Dios, y luego ponerlas en práctica.

~

Nos imaginamos que estamos llenos de ella… hablamos de ser fuertes en nuestra fe… pero nunca queremos usarla.

Es posible que Dios esté usando una serie de circunstancias en tu vida para colocarte en un determinado lugar de la fe, en un lugar de compromiso, de tal manera que le llames y le entregues toda tu carga. Puede ser que digas: «Greg, es difícil para mí creer. Necesito una prueba. Debes mostrarme que Dios es real. Muéstrame y creeré».

Básicamente, Jesús respondería: «Crean y les mostraré». No, no se necesita ver para creer. Creer es ver. Si solo dieras un pequeño paso de fe, podrías ver todo lo que Dios puede hacer por ti.

TRES

No te preocupes ... ¡ora!

Vivimos tiempos atemorizantes.

Además de todos los temores normales sobre nuestro futuro, nuestro empleo, nuestra salud y nuestros hijos, también han aumentado los temores con relación al terrorismo después del 11 de septiembre.

En realidad, hay una razón por la cual inquietarse.

Pero no hay razón para preocuparse.

Quiero establecer una diferencia. Estar inquieto sobre un asunto significa que conoces de él, que estás informado y alerta. Preocuparse es diferente. Esta no solo es una actividad increíblemente improductiva, sino también es una actividad *falta de fe* que no tiene ningún papel en la vida de un creyente.

En lugar de mejorar tu situación —cualquier situación— la preocupación produce parálisis y con el tiempo apatía en el mismo momento en que más necesitas de tus recursos personales y divinos. Cuando te preocupas por el futuro, mermas tu habilidad de pensar, actuar y ejercitar la fe en el presente.

Todos sabemos que cada día tiene su propia cuota de problemas. Ese es el claro mensaje de nuestro Señor en el Sermón del Monte. «Por lo tanto, no se angustien por el mañana, el cual tendrá sus propios afanes. Cada día tiene ya sus problemas» (Mateo 6:34).

Algunos de nuestros problemas son constantes… desafíos diarios. Otros vienen y van. Cuando te despiertas en la mañana, tendrás tu asignación diaria de dolores del corazón, adversidades, decepciones, dificultades… y una pizca de potenciales imposibilidades.

Algunos de nuestros problemas son constantes… desafíos diarios.

Lo que no debes hacer es preocuparte también por la cuota del mañana. En otras palabras, no debes comenzar a estresarte por cosas que aún no han pasado (y que a lo mejor no pasen nunca).

La preocupación no le quitará al mañana su tristeza. Le quita al presente su fuerza.

Dios te dará la fortaleza para enfrentar cada día con la suficiente gracia. Él no te abandonará en tu momento de necesidad ante cualquier cosa que puedas enfrentar. Pero si te preocupas por ello, lo único que harás es complicar tus problemas.

Hay una vieja fábula que trata sobre la Muerte, la cual caminaba una mañana por un pueblo. Un hombre la detiene y le dice:

—¿Qué intentas hacer?

—Planeo llevarme cien personas —respondió la Muerte.

—Eso es horrible

—Es lo que yo hago. Así son las cosas.

El hombre se apresuró y se le adelantó a la Muerte para advertirles a todos de lo que iba a suceder.

Cuando llegó la noche y se encontró con la Muerte de nuevo, le increpó:

—Me dijiste que te ibas a llevar a cien personas, ¿por qué entonces murieron *mil*?

—Yo mantuve mi palabra —respondió la Muerte—. La preocupación se llevó a las demás.

En la actualidad, mucha gente que yace en las camas de los hospitales de los Estados Unidos es víctima de la preocupación permanente. El cuarenta y tres por ciento de los adultos sufre problemas de salud debido a la preocupación y al estrés. Sabemos que del setenta y nueve al noventa por ciento de todas las visitas realizadas a los médicos generales son para quejas o desórdenes relacionados con el estrés. Esta es una cultura con una ansiedad y una preocupación incontrolables. En innumerables lápidas a lo largo de los Estados Unidos se podría escribir un epitafio que diga así: «Apurado, preocupado, enterrado».

¿TRANQUILO?

Tal vez deberías considerar el contratar a alguien para que se preocupe por ti. Una vez escuché de un hombre que era un preocupado compulsivo, siempre frenético por alguna razón. En cierta ocasión un amigo suyo se sorprendió de encontrarlo por completo relajado y tranquilo, sin que nada en el mundo le trastornara. El amigo dijo:

—No pareces agobiado en el día de hoy

—No me he preocupado por todo un mes —respondió el hombre sonriendo.

—¿De verdad? ¿Por qué?

—Simple, contraté a alguien para que se preocupara por mí.

—¿Que hiciste qué? ¿Dónde encontraste a alguien para eso?

—Puse un anuncio en el periódico.

—¿Y qué decía?

—Decía: «Pagaré mil dólares diarios para que alguien se preocupe por mí».

—¿Mil dólares diarios? Tú no ganas esa cantidad de dinero. ¿Cómo intentas pagarle al sujeto?

—A él le toca preocuparse por eso.

Cuando hicimos hace unos años una cruzada evangelística en Australia, llamada «Harvest Crusade», noté una expresión australiana muy popular. Si pides una dirección u ordenas algo en un restaurante y luego agradeces por ello, los australianos te responden: «No te preocupes, compañero». ¡Me encanta esta expresión! No solo es una respuesta agradable, sino que es casi teológica. La mayoría de las cosas por las cuales nos preocupamos nunca llegan a pasar.

El doctor Walter Caver realizó un estudio sobre la preocupación, el cual indicaba que solo el ocho por ciento de las cosas por las cuales la gente se preocupa era materia legítima de inquietud. El otro

noventa y dos por ciento era imaginario, e involu-
craba ya fuera asuntos que prácticamente no tenían
la posibilidad de ocurrir, o cosas sobre las cuales no
se tenía ningún control de todas formas.

Una vez escuché sobre una mujer que durante
cuarenta años se preocupó por el hecho de morir de
cáncer. Finalmente murió de neumonía a la edad de
setenta años. Cuando piensas en ello, te das cuenta
de que esta persona malgastó cuarenta años de su
vida preocupándose por lo incorrecto.

Hay gente que parece siempre preocupada por
lo que piensan los demás. Se dice que no tendrías
que preocuparte tanto por lo que la gente piense de
ti… ¡si tan solo supieras que muy pocas veces lo
hacen!

La preocupación nunca ayuda, solo lastima.

¿Quiere esto decir que no tenemos que inquie-
tarnos? ¿Que escondamos nuestras cabezas en un
hoyo y cerremos nuestros ojos a lo que pasa alrededor? En lo absoluto. Simplemente digo que la preocupación por sí misma es improductiva.

Dios nos da una información práctica en Filipenses 4, la cual nos dice qué deberíamos hacer *en
lugar de* preocuparnos. Nos da tres principios que,
de ser aplicados, nos ayudarían a desvanecer la preocupación de nuestros pensamientos.

❧

La mayoría de cosas por las cuales nos preocupamos nunca llegan a pasar.

LA RECETA DE PABLO

Debo hacer una confesión: Por naturaleza, yo mismo soy un preocupado y tengo una tendencia al nerviosismo. Así que palabras como estas, sacadas de la pluma del apóstol Pablo, resultan en particular reconfortantes para mí:

> Alégrense siempre en el Señor. Insisto: ¡Alégrense! Que su amabilidad sea evidente a todos. El Señor está cerca. No se inquieten por nada; más bien, en toda ocasión, con oración y ruego, presenten sus peticiones a Dios y denle gracias. Y la paz de Dios, que sobrepasa todo entendimiento, cuidará sus corazones y sus pensamientos en Cristo Jesús. Por último, hermanos, consideren bien todo lo verdadero, todo lo respetable, todo lo justo, todo lo puro, todo lo amable, todo lo digno de admiración, en fin, todo lo que sea excelente o merezca elogio. Pongan en práctica lo que de mí han aprendido, recibido y oído, y lo que han visto en mí, y el Dios de paz estará con ustedes (Filipenses 4:4-9).

¿Dónde estaba Pablo cuando escribió estas palabras?

Esta es una pregunta importante. Si supiéramos que Pablo estaba recostado en una silla reclinable, tomando el sol en la isla de Creta y saboreando un té helado, podríamos decir: «Es fácil para él decirnos que no nos preocupemos, porque él está pasándola bien». Pero el hecho es que, cuando Pablo escribió estas palabras, se encontraba en la más horrible privación.

Por mucho tiempo el deseo de Pablo había sido llevar el evangelio a Roma. Dios cumplió su sueño, pero el apóstol quizás nunca se imaginó que llegaría a Roma encadenado, como un prisionero. Encerrado, esperaba un destino desconocido. Sabía que el sonido de cada paso fuera de su puerta podría provenir del verdugo que vendría a llevárselo para cortarle la cabeza, o también podría ser el carcelero con una orden de absolución en su mano para dejarlo libre. Pablo simplemente no lo sabía.

Él se encontraba en una situación patética y miserable. Y aun así, en ese preciso momento y lugar, fue capaz de decir: «Alégrense siempre en el Señor. Insisto: ¡Alégrense!»

Pablo enfrentaba la incertidumbre con relación a su propia vida. Los estadounidenses también enfrentamos la incertidumbre como nación en la actualidad. Esperamos que la guerra contra el terrorismo llegue a una solución rápida, y no obstante sabemos que podría extenderse por años. Esperamos que los malos no tengan acceso a las armas de destrucción masiva, pero en realidad, no tenemos ni idea. Miramos a Corea del Norte, Irán y China, y nos preguntamos si un día podríamos estar en conflicto con alguna de estas naciones nucleares.

Le prestamos atención a todos los problemas que la vida nos trae. Nos preguntamos cuánto tiempo viviremos, o cómo atravesaremos una situación determinada o dilema que estemos enfrentando.

Sin embargo, Pablo, que debía por toda lógica estar preocupado, no lo estaba. En el idioma original, la frase «alégrense siempre en el Señor» no es una sugerencia, más bien es una *orden*. En otras palabras, Dios te ordena como cristiano que te alegres. Desobedecer este mandato no es menos grave que desobedecer cualquier otra directriz de Dios.

Le prestamos atención a todos los problemas
que la vida nos trae.

Sin importar cualquier cosa que puedas estar enfrentando en este momento, recuerda que Dios está todavía en su trono. Él te ama. Sus planes para ti son buenos. Nunca te abandonará ni renunciará a ti.

Vamos a revisar tres pasos prácticos que Pablo nos da para desvanecer la preocupación de nuestras vidas.

1. ORACIÓN CORRECTA

No se inquieten por nada; más bien, en toda ocasión, con oración y ruego, presenten sus peticiones a Dios y denle gracias (v. 6).

Nota que Pablo dice «en *toda ocasión*, con oración».

Él no dice solo «en ocasiones», ni «cuando haya un problema en realidad grande». Esto nos recuerda que nada es demasiado grande ni demasiado pequeño para presentárselo al Señor. Él está interesado incluso en el más mínimo de los detalles.

La próxima vez que sientas una inclinación a la preocupación, cambia con rapidez la dirección de tu mente y en su lugar ora. Necesitamos que el acto de recurrir a Dios cuando sentimos que la preocupación se acerca se convierta en un hábito. Tu reacción en los tiempos de tribulación debería ser como un reflejo condicionado.

Nuestro cuerpo experimenta tanto reflejos normales como condicionados. Un reflejo normal no es pensado, es automático. Si toco una plancha caliente, retiro mi mano. Nadie me enseñó a hacer eso. De forma inconsciente la retiro del objeto que me provoca dolor. Incluso un niño pequeño retiraría su mano de algo caliente.

Esto me recuerda la historia de ese sujeto que fue a ver al doctor con las dos orejas severamente quemadas.

—¡Qué terrible! —dijo el doctor— ¿Cómo se quemó las dos orejas?

—Estaba planchando y el teléfono sonó. Me confundí, y contesté con la plancha en lugar de usar el teléfono —respondió el hombre.

El doctor hizo una mueca.

—¡Qué calamidad! ¿Y cómo se quemó la otra oreja?

—El teléfono sonó de nuevo.

Es un reflejo automático (para la mayoría) de la gente alejarse de algo que les quema. Pero al mismo tiempo, nuestro comportamiento y respuestas son también gobernados por reflejos *condicionados*. Algunas veces en nuestra iglesia cantamos «God

Bless America» [Dios bendiga a los Estados Unidos]. Cuando esto ocurre todo el mundo se levanta. ¿Por qué? Nadie les dice: «Esta es una canción patriótica, párense todos». Sin embargo, todos lo hacen. Tal cosa es un reflejo condicionado. La gente sabe que esta es una canción para ponerse de pie. Todos se levantan en honor a un himno como este por un sentido de amor a la patria.

Cuando estabas aprendiendo a manejar, tenías que pensar conscientemente todo lo que hacías. ¿Lo recuerdas? «Está bien, voy a llegar a un semáforo, *pisa el freno*… perfecto, tengo que hacer un giro más adelante…*luces direccionales*». Cuando conduces ahora, ¿todavía piensas en ello? Por supuesto que no. Cuando aprendí a manejar, tenía un pequeño Chevrolet de transmisión manual. Tuve que aprender a manejar la palanca de cambios y en ocasiones me confundía y aplastaba el freno en lugar del embrague. Pero luego de conducir, conducir y conducir, te acostumbras y desarrollas reflejos condicionados.

¿Qué sucede entonces cuando la preocupación llega a tu mente? Por lo general tendemos a abrazarla, a aferrarnos a esos pensamientos de angustia, dándoles la vuelta una y otra vez hasta que todo nuestro cuerpo se haya estresado. Y una vez que estás enmarcado en esa forma de pensar, encuentras *más* cosas por las cuales preocuparte. Te sientes como si tuvieras puesto uno de esos pesados delantales de plomo que el dentista coloca en tu pecho antes de hacer una radiografía de tus dientes.

Sin embargo, al desarrollar un reflejo *condicionado*, puedes cambiar estas tendencias derrotistas que te llevan a la ansiedad. Supongamos que un pensamiento desagradable aparece de repente en tu mente y piensas: «¡Oh, no! ¿Qué pasaría si esto sucediera?» Tu estómago se retuerce ligeramente y una fría ola de miedo se desliza por tu cuerpo. Pero si entonces te dices de inmediato: *Es mejor que ore por esto*, estás poniendo de manera intencional el asunto ante el Señor, colocándolo a sus pies.

Por lo tanto, ¿cuál es la solución? Cuando tus rodillas comienzan a temblar… ¡arrodíllate! No te preocupes… ora. Eso es lo que la Biblia nos enseña.

~

*Cuando tus rodillas comienzan a temblar...
¡arrodíllate! No te preocupes... ora.*

En ocasiones, cuando enfrentamos adversidades o dificultades, le pedimos ayuda a la gente. Hay un tiempo y un lugar para pedirle ayuda a los demás, pero no debería ser la primera opción a la cual recurrir. Otros pueden volverse al alcohol, lo cual nunca es una solución, lo único que esto hace es crear problemas mayores. Debemos entrenarnos para recurrir a Dios, nuestro Padre celestial que nos ama.

Dar gracias

Pablo nos habla de algo más que simplemente bombardear el cielo con nuestras peticiones. El texto dice: «Más bien, en toda ocasión, con oración y ruego, presenten sus peticiones a Dios y *denle gracias*».

No se olvide de esto. Dar gracias es un componente vital de la oración, incluso antes de ser respondida (*en especial* antes de ser respondida). Dedico un tiempo para adorar a mi Padre celestial y recordarle de su grandeza y poder; y al hacerlo, de forma automática pongo mis problemas en perspectiva. Mientras contemplo la magnificencia y las maravillas de Dios veo las situaciones de mi vida diaria en su verdadera proporción.

Por eso el Señor nos enseñó a orar: «Padre nuestro que estás en el cielo, santificado sea tu nombre, venga tu reino, hágase tu voluntad en la tierra como en el cielo. Danos hoy nuestro pan cotidiano» (Mateo 6:9-11).

Si *yo* hubiese escrito el Padrenuestro, es probable que dijera algo como esto: «Padre nuestro que estás en el cielo, danos hoy nuestro pan diario». Tú sabes... hubiera ido al grano. Esto es lo que necesito, Dios.

Pero Jesús nos enseñó que antes de hacer una petición personal debemos emitir pensamientos como este: «Padre, tú estás en el cielo. Eres poderoso. Eres maravilloso. Mereces reverencia, alabanza y adoración. Padre, quiero decirte esto antes de hacerte una sola petición, antes de hablarte de mis necesidades y preocupaciones, venga tu reino, hágase tu voluntad en la tierra como en el cielo. Señor, si lo que estoy por pedirte está fuera de tu voluntad, óbvialo. Yo sé que tú conoces lo que es bueno y mejor para mí». Orar de esta forma nos permite poner todo en perspectiva.

¿Has orado por tus problemas? ¿Por ese asunto que te está molestando en este momento, que te preocupa y te atormenta? Sabes que has estado, preocupado, deprimido y desalentado, que has experimentado ansiedad, palpitaciones y ataques de estrés. ¿Has orado por ello?

La tarea de cuidar la paz
Presenten sus peticiones a Dios y denle gracias. Y la paz de Dios, que sobrepasa todo entendimiento,

cuidará sus corazones y sus pensamientos en Cristo Jesús (Filipenses 4:6-7).

Es importante entender lo que este pasaje dice y lo que no. No dice que necesariamente recibirás lo que pides en específico, pero sí dice que sin importar nada, Dios te dará paz en medio de tal situación.

Es posible que digas: «Señor, quítame este problema de encima».Y puede que él lo haga o no, pero entiende esto: no importa de qué se trate, él te dará paz en medio de tu tormenta personal.

Necesitamos confiar en el plan y la providencia de Dios.

Me encanta la parte que dice: «Y la paz de Dios … cuidará sus corazones y sus pensamientos en Cristo Jesús». Tal cosa cubre prácticamente todo, ¿verdad? Estas son dos áreas que causan preocupación. El corazón… sentimientos erróneos. La mente… pensamientos erróneos. Pero la paz de Dios cuidará de ambos.

¿Has orado por tus problemas?

La palabra cuidará, que Pablo utiliza en este versículo, es sinónimo del término militar custodiar. Esto

quiere decir que la paz de Dios acampará y literalmente montará guardia alrededor de tu corazón para
protegerte si tan solo se lo pides al Señor.

Daniel, un profeta del Antiguo Testamento, po-
nía en práctica todo esto. No solo oraba todos lo
días, sino que abría sus ventanas, se arrodillaba, y
clamaba a Dios ante todo el mundo. Tenía algunos
enemigos en la capital del Imperio Persa, donde él
vivía. Ellos le odiaban y querían destruirlo porque
el rey Darío le prestaba oídos. Buscaban provocar
un escándalo en su vida, pero no podían encontrar
ninguna forma. Al final decidieron que si lograban
que el rey autorizara un descabellado decreto que
prohibía a cualquiera adorar a otro que no fuese él,
podrían lograr el arresto de Daniel. Le presentaron
la ley al rey y él sin meditarlo la firmó, sin darse
cuenta de que en esencia estaba sellando el destino
de aquel profeta.

Daniel escuchó de ello. Se había firmado un
decreto que prohibía que cualquier persona orase a
otro que no fuese el rey so pena de ser lanzado vivo
a la jaula de los leones.

¿Qué habrías hecho si hubieras sido Daniel? Es
probable que hubieras dicho: «Creo que Dios enten-
derá si cierro mis ventanas para hacer mis oraciones
de ahora en adelante. El Señor puede escucharme,

aunque esté orando en silencio. ¿Qué tiene de malo ser un poco discreto? Además, no le seré de ninguna utilidad a Dios si muero, que será lo que me suceda si me ven orando».

En ocasiones, nos avergonzamos de orar en público. Es posible que estés en un restaurante, te sirvan la comida, y te dé vergüenza inclinar tu cabeza y dar gracias. Quizás estés pensando en abrir tu Biblia durante un vuelo, pero sacas una Biblia «de incógnito» que parece una novela o una agenda.

Daniel no estaba avergonzado y no pretendía esconderse. Él había decidido orar como siempre, en el mismo lugar, a la misma hora y de la misma manera; y de seguro fue arrestado y enviado al foso de los leones. No había nada que el rey pudiera hacer, porque había firmado su propio decreto y no podía cambiarlo. Este hombre de Dios pasó la noche en la cercana compañía de unos felinos muy grandes y hambrientos.

～

Sin importar nada, Dios te dará paz en medio de tus batallas.

¿Adivinas quién durmió a pierna suelta?
¿Adivinas quién pasó despierto toda la noche?

El rey no pegó los ojos preocupándose por el profeta hebreo al que tanto estimaba. Daniel, por su parte, durmió como un bebé.

Me imagino que este hombre de Dios vio la situación como un negocio redondo. Opción 1: Usaría al viejo león como un suave almohadón y dormiría plácidamente. Opción 2: Se convertiría en una merienda rápida para Leo y despertaría en el cielo. De cualquier forma, estaba más que bien. ¿Cómo podía perder?

Conoces la historia de cómo Dios salvó al profeta. Cuando Daniel se convirtió en su compañero de cuarto, los leones de repente perdieron su apetito, pero lo recuperaron más tarde y con más ganas cuando los acusadores de Daniel fueron arrojados.

Este es un clásico en la historia de la oración. En Daniel 6 podemos leer que este hombre de Dios oró, agradeció y presentó sus peticiones a Dios *después* de saber que podía ser arrestado por ello. En otras palabras, hizo exactamente lo que Pablo dice que hagamos en Filipenses. Él oró, rogó y se rehusó a ponerse ansioso, aunque su vida estaba en peligro.

Depositar y cuidar

Debemos recordar depositar nuestras cargas sobre el Señor. Muchos de nosotros las arrastramos todo el día, sumando otras nuevas a medida que el mismo avanza. ¿Será por ello que sentimos tal cansancio en nuestra alma? En 1 Pedro 5:7 se nos enseña que: «Depositen en él toda ansiedad, porque él cuida de ustedes». Hay dos palabras de este pasaje que llaman la atención: *depositar* y *cuidar*. La palabra *depositar* no es un término comúnmente usado para implicar entrega. Más bien es una palabra que significa un acto definitivo y voluntario, a través del cual dejamos de preocuparnos por ciertas cosas y le permitimos a Dios asumir la responsabilidad de nuestro bienestar.

La palabra *cuidar*, como en el verso «porque él cuida de ustedes», significa que el Señor está atento a tus intereses. Dios se preocupa por ti. Si algo te molesta, eso le preocupa a él. Si algo te perturba, él quiere intervenir y ayudarte.

~

Qué reconfortante es saber que Dios está pensando en ti en este preciso instante.

En el Salmo 139:17-18, el salmista dice: «¡Cuán preciosos, oh Dios, me son tus pensamientos! ¡Cuán inmensa es la suma de ellos! Si me propusiera contarlos, sumarían más que los granos de arena». Y luego en el Salmo 40:17: «Y a mí, pobre y necesitado, quiera el Señor tomarme en cuenta. Tú eres mi socorro y mi libertador».

Qué reconfortante es saber que *Dios está pensando en ti en este preciso instante* y «puedes colocar todo el peso de tus ansiedades sobre él, porque se preocupa personalmente de ti» (1 Pedro 5:7, paráfrasis).

2. PENSAMIENTO CORRECTO

Por último, hermanos, consideren bien todo lo verdadero, todo lo respetable, todo lo justo, todo lo puro, todo lo amable, todo lo digno de admiración, en fin, todo lo que sea excelente o merezca elogio (Filipenses 4:8).

Mantener la paz individual involucra tanto al corazón como a la mente. Isaías 26:3 dice: «Al de carácter firme lo guardarás en perfecta paz, porque en ti confía».

Lo que pensamos afecta en última instancia lo que hacemos. Por esta razón, debemos cortar de raíz cualquier pensamiento impuro, dañino al espíritu o que pueda alimentar a la bestia de la preocupación. Entrena a tu mente para pensar bíblicamente.

En 2 Corintios 10:5 se nos dice: «Destruimos argumentos y toda altivez que se levanta contra el conocimiento de Dios, y llevamos cautivo todo pensamiento para que se someta a Cristo». Llenen sus corazones con las cosas de Dios.

La próxima vez que te encuentres preocupado por algún asunto en tu vida, habla contigo mismo por unos instantes. Lo que quiero decir con esto es que necesitamos entrenar nuestras mentes para pensar bíblicamente y regir nuestras emociones de acuerdo a ello. La fe no trabaja de forma automática, tienes que aplicarla.

Permíteme ilustrarlo. En el Salmo 42, el salmista está profundamente turbado. Está preocupado y ansioso por algo. Sus emociones parecen estar llevándose lo mejor de él, provocando el siguiente lamento: «¿Por qué voy a inquietarme? ¿Por qué me voy a angustiar?» (Salmo 42:5a).

Sin embargo, él está hablando consigo mismo. En lugar de rendirse a la depresión y la desesperación, comienza a aplicar la fe, la razón y el principio bíblico a su situación. Se dice a sí mismo: «En Dios pondré mi esperanza y todavía lo alabaré. ¡Él es mi Salvador y mi Dios!» (Salmo 42:5b).

¡Inténtalo! La próxima vez que la duda y la tentación lleguen, la próxima ocasión en que la preocupación comience a golpear la puerta de tu corazón, siéntate y conversa contigo mismo por unos instantes: *¡Vamos! ¿En qué estoy pensando?* *No voy a seguir con esto.* Cita las Escrituras. Recuerda qué es lo verdadero. Recuerda la fidelidad de Dios en tu vida a través de los años.

~

Recuerda la fidelidad de Dios en tu vida a través de los años.

Todo creyente necesita hacer esto. No importa cuántos años hayas conocido al Señor, cualquiera puede experimentar alguna vez un momento de falta de fe —de negra desesperación— cuando el dolor irrumpe o la oscuridad cae. Puedes experimentar un período en tu vida donde te sientas desorientado y confundido. Nos pasa a todos. Por cierto, yo he tenido mis momentos, y estoy bastante seguro de que tú también. Incluso un gran patriarca como Abraham experimentó temporadas de temor, duda y batallas internas.

Sin embargo, tener fe significa que te rehúsas a angustiarte por tu vida. Te resistes a la inclinación de aferrarte a pensamientos oscuros sobre el futuro. Es posible que el demonio te bombardee con una fuerte y aplastante campaña, pero tú estás resuelto. Tener fe significa que dices: «Me he decidido. Dios me ayuda. No permitiré que la preocupación me gobierne. He hecho lo correcto. He hecho lo que creo que está bien y es legítimo. Esperaré en Dios y no permitiré que el estrés y el arrebato me causen una úlcera o un ataque al corazón».

¡Ese es un pensamiento correcto!

Me resulta interesante pensar cómo Dios se reveló al mundo. ¿Cómo lo hizo? ¿Lo hizo a través de una fotografía o una pintura, de una película, un video musical o una canción? No. Dios nos dio su revelación en la forma de un libro, a través de la palabra escrita. ¿Por qué? Para que podamos pensar, leer y razonar.

Algunos pueden decirte que seguir a Jesucristo significa que ya no piensas con claridad, que te engañas buscando servir a un Dios viviente. Nada puede estar más alejado de la verdad. En la actualidad, la persona con el pensamiento más correcto sobre la tierra es el cristiano bíblicamente versado, que busca orientar su vida de manera lógica y consciente a través de la luz de la Palabra eterna de Dios. El Señor dice: «Vengan, pongamos las cosas en claro» (Isaías 1:18).

Más que cualquier otra persona —sin importar cuántos doctorados pueda tener— el cristiano entiende lo que está pasando en el mundo. Comprendemos que el hombre es por naturaleza pecaminoso y que la tecnología y el «progreso» nunca resolverán nuestros problemas. Ni tampoco la política ni ninguna otra solución originada en el hombre. Estamos seguros de que la única solución real es la intervención de Dios a través del tiempo, y que la única forma para lograr que el comportamiento del ser humano cambie es a través del encuentro con el Cristo vivo.

En la oración a su Padre, Jesús dijo: «Te alabo, Padre, Señor del cielo y de la tierra, porque habiendo escondido estas cosas de los sabios e instruidos, se las has revelado a los que son como niños» (Mateo 11:25).

3. VIDA CORRECTA

Pongan en práctica lo que de mí han aprendido, recibido y oído, y lo que han visto en mí, y el Dios de paz estará con ustedes (Filipenses 4:9).

No puedes separar la acción exterior de la actitud interior (la forma en que piensas de la forma en que vives). Si estás comprometido con la oración correcta y el pensamiento correcto, el curso lógico es estar comprometido con una vida correcta.

Si estás comprometido con la oración correcta y el pensamiento correcto, el curso lógico es estar comprometido con una vida correcta.

El pecado, sin embargo, siempre resulta en desorden y agitación.

Isaías 57:20-21 describe al no creyente: «Pero los malvados son como el mar agitado, que no puede calmarse, cuyas olas arrojan fango y lodo. No hay paz para los malvados —dice mi Dios».

En contraste, los que vivimos en pureza como cristianos experimentamos la paz de Dios. Isaías 32:17 dice: «El producto de la justicia será la paz; tranquilidad y seguridad perpetuas serán su fruto».

Aun en medio del desorden y la locura, el cristiano puede tener una paz que sobrepasa todo entendimiento humano. Yo lo he visto. He hablado con creyentes que sufren una enfermedad terminal o enfrentan las más adversas circunstancias y he visto la paz en acción. He contemplado cómo Dios puede intervenir.

Hay soldados creyentes en este mismo instante en el campo de batalla de Afganistán e Irak, los cuales enfrentan la muerte hora tras hora, incluso mientras lees este libro. Pero hay paz en su corazón, porque su vida está a cuentas con el Señor. Solo Cristo puede darte eso. El mundo no te lo puede dar. Una droga no puede hacerlo. El alcohol tampoco. Las clases de yoga nunca pueden proveer algo así. Solo Dios puede.

Y si se lo pides, él lo hará.

CUATRO

La respuesta de Dios al temor

LOS ESTADOUNIDENSES SOLÍAN VER LOS ATAQUES de violencia y terrorismo en el Medio Oriente y alrededor del mundo, y solo sacudían sus cabezas. Era muy penoso leer sobre esto en los periódicos o verlo en las noticias de la noche, pero nos decíamos (en pocas palabras): «Tal cosa no podría nunca suceder aquí».

¡Esto ya no es así!

Nuestra burbuja imaginaria de la «tierra de la seguridad» se rompió para siempre. Nos dimos cuenta de que nuestra nación es más vulnerable de lo que jamás soñamos.

Nuestro gobierno nos advierte casi a diario sobre potenciales ataques en suelo estadounidense, o en nuestros intereses como nación en el extranjero. Dichos ataques pueden generar más miedo, enviando el mensaje de que ningún lugar es seguro.

Y existe la casi impensable preocupación de que un grupo de estos criminales asesinos puedan de alguna manera obtener un arma nuclear.

Mucha gente tiene miedo… y con razón.

DÍAS DE TERROR

¿Qué se supone que hagamos? ¿Encontrar un hoyo en el cual meternos, cubrir nuestras cabezas, y aguardar sin esperanza que ninguna de estas cosas suceda?

En el Evangelio de Juan, el Señor nos da palabras muy claras acerca de cómo enfrentar el tiempo que en la actualidad vivimos. Nos dice cómo funcionar para que no seamos sobrellevados por las amenazas y la ansiedad de estos días.

—No se angustien. Confíen en Dios, y confíen también en mí. En el hogar de mi Padre hay muchas viviendas; si no fuera así, ya se lo habría dicho a ustedes. Voy a prepararles un lugar. Y si me voy y se lo preparo, vendré para llevármelos conmigo. Así ustedes estarán donde yo esté. Ustedes ya conocen el camino para ir a donde yo voy.

Dijo entonces Tomás:

—Señor, no sabemos a dónde vas, así que ¿cómo podemos conocer el camino?

—Yo soy el camino, la verdad y la vida —le contestó Jesús—. Nadie llega al Padre sino por mí (Juan 14:1-6).

Jesús empieza diciendo: «No se angustien». Otras maneras de expresar la palabra «angustien» sería agiten, perturben o confundan.

El Señor no nos dice que nos falte razón para estar angustiados. Lo que en realidad nos dice es que hay una razón mayor para *no* estarlo.

Todos podemos reconocer que la vida está llena de problemas. La Biblia lo dice en Job 5:7: «El hombre nace para sufrir». Desde el momento en que dejas el vientre encuentras dificultades. (¿No es verdad que la vida inicia con una palmada del doctor en la parte posterior? ¡Qué recibimiento!) Tenemos problemas de salud, con la familia, el novio, la novia, financieros. Todos tenemos problemas en la vida.

El Señor no nos dice que nos falte razón para estar angustiados.

Sin excepción, todos enfrentamos decepciones prácticamente a diario, algunas pequeñas y otras tan grandes que amenazan con destrozarnos. Somos infelices porque rara vez vivimos como quisiéramos vivir. Nos gustaría ser fuertes, pero terminamos siendo débiles. Queremos ser valientes, pero nos embarga el temor. Queremos tener éxito, pero fracasamos una y otra vez. Nos gustaría agradar a los demás, pero la gente se muestra indiferente. Quisiéramos vivir en pureza, pero nos hundimos con frecuencia en los pensamientos y deseos impuros.

Jesús nos dice: «Hay problemas en el mundo, pero no se agiten, estresen o dejen confundir. Aunque hay una razón para estar angustiados, hay una razón mayor para no estarlo».

¿Cuál es esa gran razón?

En realidad, hay tres. El Señor nos da un trío de buenas razones a las cuales aferrarnos en los momentos de oscuridad, presión y estrés.

1. CONOCEMOS A DIOS

«No se angustien. Confíen en Dios, y confíen también en mí» (Juan 14:1).

«Confíen en mí», dice Jesús. «Les he traído hasta aquí y no tengo intenciones de abandonarles. Sé lo que estoy haciendo. *Confíen*».

En griego, esto es una orden. El Señor está diciendo: «Les ordeno que confíen en mí».

¿Por qué estaban los discípulos estresados? Porque el Señor acababa de soltar una bomba. Acababa de revelar que uno de ellos lo traicionaría.

Eso golpea a cualquiera. Estos hombres habían estado juntos por tres años, compartiéndolo todo. Era inconcebible que uno de ellos —uno de los doce— pudiera darle la espalda al Maestro. «¿Quién es? ¿Seré yo, Señor?»

El Señor está diciendo: «Les ordeno que confíen en mí».

Con la ventaja de mirarlo en retrospectiva, nosotros sabemos ahora que Judas Iscariote fue el traidor. ¿Por qué no pudieron deducirlo estos hombres? Parece muy obvio para nosotros en la actualidad.

Siempre que estés viendo una película sobre Jesús, puedes distinguir a Judas entre la multitud. Está vestido de negro, fruncido de forma permanente, y se escabulle entre las sombras.

El hecho es que Judas no fue tan obvio como parecería. Si tenía el seño fruncido o se escabullía en las sombras, esto no les preocupaba en lo absoluto a los demás. Posiblemente hubiese sido el último discípulo del cual desconfiar.

Luego de predecir esta atónita traición, Pedro pensó que era una buena oportunidad de recordarle al Señor su inquebrantable compromiso. «Aunque todos te nieguen», declaró, «yo nunca te negaré». Jesús respondió: «Pedro, no solo me negarás, sino que renegarás de mí tres veces antes de que el gallo cante».

¡Otra bomba! ¡Más devastación! Era algo imposible de procesar. Uno de ellos era un traidor que entregaría al Señor. Y Pedro, uno de los más cercanos a Jesús, lo negaría. ¡Tres veces! Si todo era cierto, ¿qué pasaría con el resto de ellos? ¿Alguno lo lograría o todos se dispersarían?

Entiende que estos sujetos no eran delicados, eran hombres valientes. Habían enfrentado gran cantidad de peligros y riesgos al seguir a Jesús. Se habían parado firmes enfrentando la presión, la crítica y las constantes amenazas. Ellos amaban a su Maestro y Señor. Habían dejado todo para seguirle y (con la excepción del traidor) estaban deseosos de morir por él de ser necesario. No es que tuvieran miedo del peligro. ¡Lo que les alarmaba era la idea de vivir sin él!

En el Evangelio de Juan, vemos que una gran multitud había seguido a Jesús a todas partes. Sabemos que la mayoría de ellos eran curiosos —a lo sumo la mitad seguía a Jesús de corazón— así que de modo deliberado el Señor impartió enseñanzas muy fuertes, sabiendo que esto reduciría las tropas. Y eso fue lo que sucedió. Muchos de los que habían estado siguiendo a Jesús simplemente desaparecieron.

En este punto, él les preguntó a los doce: «¿También ustedes quieren marcharse?»

Ellos respondieron: «Señor … ¿a quién iremos? Tú tienes palabras de vida eterna». En otras palabras: «Señor, adonde sea que vayas, nosotros iremos. Te amamos, estamos comprometidos contigo. Queremos estar a tu lado».

Es por ello que no podían dar crédito a lo que oían cuando Jesús les dijo: «Estoy a punto de partir. Uno de ustedes me traicionará. Uno de ustedes me negará».

Lo que les estaba diciendo era: «Confíen en mí. Cuando les digo que estoy a punto de partir, deben saber que es por un propósito». Él estaba describiendo su inminente crucifixión. Estaba cumpliendo su misión de convertirse en sacrificio por los pecados del mundo, pero resucitaría tres días más tarde.

En la actualidad entendemos el significado y lo necesario de todos estos sucesos, pero para esa pequeña hermandad, esa noche en particular, nada tenía sentido. ¡Nada! Una vez comprendido esto, entendiendo su pesar y devastación, Jesús en esencia les estaba diciendo a sus hombres: «Cuando no entiendan lo que estoy haciendo, miren atrás a lo que sí entienden. Les estoy diciendo, confíen en *mí*».

«Cuando no entiendan lo que estoy haciendo, miren atrás a lo que sí entienden. Les estoy diciendo, confíen en mí».

Hay momentos y acontecimientos en nuestras vidas que simplemente no tienen sentido. La tragedia golpea. La tristeza llega. Los problemas inesperados surgen. Y entonces decimos: «Señor, ¿qué sucede? ¿Por qué permites que esto me pase? ¿Por qué permites que esta tragedia se cierna sobre mi vida?

¡No necesito esto! ¿Qué estás haciendo Señor?»

Cuando no comprendo lo que Dios está haciendo, debo mirar atrás a lo que sí entiendo. Y lo que sí entiendo es que Dios me ama y que todo lo que permite en mi vida ha pasado por el filtro de su plan y propósito para mí. La expresión: ¡*Huy*! me equivoqué no está en el vocabulario de Dios. No hay equivocaciones en la vida de un hijo de Dios. Tengo que confiar en él. Debemos recordar que Jesús no solo les hablaba a aquellos angustiados discípulos, sino también a nosotros.

Nosotros tendemos a pensar a corto plazo y con un limitado punto de vista.

Pensamos en lo temporal; Dios en lo eterno.

Pensamos en el hoy; Dios está planeando el mañana.

Pensamos en la comodidad; él piensa en nuestro carácter.

Pensamos en el «camino de menor resistencia»; él piensa en los caminos de la rectitud.

Todo el estrés, la agitación y la angustia de corazón vienen de ignorar su Palabra.

2. TU DESTINO ES EL CIELO
«En el hogar de mi Padre hay muchas viviendas; si no fuera así, ya se lo habría dicho a ustedes» (v. 2).

Cuando leemos estas palabras, pensamos en hermosas mansiones palaciegas, como aquellas que podríamos ver en Beverly Hills o en alguna exclusiva urbanización privada.

Esto me recuerda la historia de un muy conocido ministro y un taxista de Nueva York, los cuales murieron y fueron al cielo. Simón Pedro les esperaba en las puertas del cielo. Se acercó primero al taxista. Pedro se presentó y le dijo: «Estoy a cargo de la vivienda en este lugar. Te quiero llevar al lugar que te hemos preparado». Colocó su mano en el hombro del taxista y apuntó a la distancia. «¿Ves esa mansión sobre aquella hermosa y verde colina? Es tuya, mi amigo. Ve y disfrútala».

El taxista sonrió, golpeó su sombrero y se fue saltando hasta su nueva propiedad.

Mientras tanto, el ministro esperaba un poco altivo. Él pensó: «Si un taxista de Nueva York consigue una mansión como esa, imagina lo que yo tendré». Entonces Pedro llamó al ministro y le dijo: «¿Ves esa estropeada choza en el valle? Ese es tu hogar. Ve allá».

Alarmado, el ministro dijo: «Perdón, Pedro. Yo soy un hombre de Dios, he pasado mi vida en el ministerio, sirviendo al Señor y predicando el evangelio. No entiendo cómo un taxista de Nueva York puede obtener una mansión y yo una choza en el valle».

A lo que Pedro contestó: «La respuesta es sencilla. Parece que cuando tú predicabas, la gente dormía. Pero cuando él conducía, la gente oraba».

Cuando leemos sobre viviendas necesitamos entender que no se trata exactamente de la descripción de una construcción. Es probable que tal cosa describa el nuevo y glorificado cuerpo que Dios nos dará después de haber muerto y haber dejado nuestro viejo cuerpo atrás. Pablo escribe:

Pues los sufrimientos ligeros y efímeros que ahora padecemos producen una gloria eterna que vale muchísimo más que todo sufrimiento. Así que no nos fijamos en lo visible sino en lo invisible, ya que lo que se ve es pasajero, mientras que lo que no se ve es eterno (2 Corintios 4:17-18).

Jesús dice que está preparando un lugar para nosotros en la casa de su Padre. Sin importar lo que esto signifique, podemos sentirnos seguros de estar mucho mejor de lo que podamos soñar o imaginar.

«Ningún ojo ha visto, ningún oído ha escuchado, ninguna mente humana ha concebido lo que Dios ha preparado para quienes lo aman» (1 Corintios 2:9).

Resulta interesante que la Biblia no nos dé muchas descripciones del cielo. Hay algunas pistas, algunos veloces destellos de su belleza y maravilla, pero nos es muy difícil entenderlo. ¿Cómo le explicas lo infinito a un ser finito? Es difícil para Dios describirle la gloria del cielo a alguien que solo ha conocido las limitaciones de la tierra. No es fácil.

~

Jesús dice que está preparando un lugar para nosotros en la casa de su Padre.

Sería como tratar de describir la belleza de Hawai a un bebé de tres meses de edad. Lo sientas en un almohadón. Se cae. Lo vuelves a sentar y comienzas a contarle de los cielos azules, los deportes que puedes practicar allí y la arena blanca. Pero cuando te das cuenta, el bebé está absorto intentando meter el dedo gordo del pie en su boca.

¡No lo entiende! No puede comprender Hawai. No tiene aún la capacidad mental. Y ni tú ni yo tenemos la capacidad ni la posibilidad de asimilar la majestad y esplendor de nuestro hogar eterno. El apóstol Pablo tuvo la experiencia única de morir, ser recibido en el cielo… ¡y luego regresar! (¡Qué decepción!) Él hubiera podido volver y escribir un libro, asistir a un programa en la televisión cristiana, o hacer una gira dando conferencias inspiracionales.

En su lugar, todo lo que dijo sobre lo que vio en el otro lado fue: «Escuché cosas que no puedo describir, y vi cosas que no puedo explicar. Todo lo que puedo decir es que era el paraíso» (véase 2 Corintios 12:1-4).

Lo que sabemos es que va a ser bueno. Muy, pero muy bueno. Imposible y casi inimaginablemente bueno. Y está esperando a la vuelta de la esquina para todo aquel que ha puesto su fe en Jesucristo.

Cuando llegues al cielo, todas tus preguntas serán respondidas. La Biblia dice en 1 Corintios 13:12: «Ahora vemos de manera indirecta y velada, como en un espejo; pero entonces veremos cara a cara. Ahora conozco de manera imperfecta, pero entonces conoceré tal y como soy conocido».

Podrías decir: «Cuando vaya al cielo, tengo unas cuantas preguntas que hacerle a Dios, en realidad», declararás mientras sacas un cuaderno de tu bolsillo, «tengo esta lista».

Cuando vayas al cielo, todas tus preguntas serán respondidas.

Con todo respeto, cuando llegues al cielo, no
creo que te pongas a revisar tu lista de preguntas.
Creo que verás el rostro de Dios y dirás: «Ya nada
importa».

Esta es la esperanza que tenemos, la esperanza
que desvanece nuestras preocupaciones y temores.

Sin embargo, aunque el cielo me espera, quiero
vivir mi vida aquí en la tierra lo más que me sea
posible. Quiero cuidarme físicamente y realizar de-
cisiones sabias sobre qué hacer cuando pasen los
años. Como creyentes, queremos hacer todo lo que
podamos para honrar al Señor en todas las cosas que
hagamos, sin saber cada día por cuánto tiempo tendremos esa oportunidad. Lo que interesa es que si
muero esta noche, iré al cielo. Estaré en la inmediata
presencia de mi Salvador y Rey.

¿Qué hay de malo en ello? Como cristiano, en-
trarías a la vida eterna. Lo malo sería no morir, pero
pase lo que pase, morirás.

No obstante, sin duda el peor escenario sería
morir sin Jesús. Si no tienes a Jesús, ese solo hecho
es «la suma de todos los miedos». Por eso es que

queremos asegurarnos de estar preparados para encontrarnos con Dios.

3. LA RESPUESTA FINAL

Cuando Jesús expuso estas cosas a sus discípulos, estaban atónitos por completo. Sentían como si un tsunami hubiera estallado sobre sus cabezas. Su mundo parecía estar enredado ante sus ojos. Uno de ellos traicionaría a Jesús. Otro lo negaría. Y él se iría lejos a donde no podrían seguirle (aún).

Ellos estaban conmocionados, angustiados, enfermos del corazón. Y entonces, les dice lo siguiente:

«No se angustien. Confíen en Dios, y confíen también en mí. En el hogar de mi Padre hay muchas viviendas; si no fuera así, ya se lo habría dicho a ustedes. Voy a prepararles un lugar. Y si me voy y se lo preparo, vendré para llevármelos conmigo. Así ustedes estarán donde yo esté. Ustedes ya conocen el camino para ir a donde yo voy» (Juan 14:1-4).

Me imagino a los discípulos con los ojos vidriosos y negando con sus cabezas.

También me los imagino despistados. No creo que hayan tenido ni la más mínima idea acerca de lo que Jesús estaba hablando.

Imagínate a ti mismo en el salón de clases y a tu maestra de matemáticas terminando de escribir un complejo problema en la pizarra. Mientras camina, dice: «¿Entienden? ¿Hay alguien que no entienda?» Estás perdido en las nebulosas, pero no quieres ser el único que levante la mano.

Así es como visualizo esta escena. «Sí claro, Señor. Qué profundo… sí».

Sin embargo, Tomás se aventura a levantar su mano y a hacer la pregunta que todos querían, pero temían hacer. «Señor, no sabemos a dónde vas, así que ¿cómo podemos conocer el camino?» Jesús no le criticó ni se enojó con él, le respondió: «Buena pregunta. Esta es la respuesta: Yo soy el camino, la verdad y la vida. Nadie llega al Padre sino por mí».

~

Él es la respuesta final a todas tus preguntas.

Él es la respuesta final a todas tus preguntas.
Él es el remedio para todos tus temores.

CINCO

Vida después de la muerte

La muerte, el gran ecualizador, no tiene respeto por las personas. No le importa si eres joven o viejo, hombre o mujer, rico o pobre, famoso o desconocido, santo o pagano.

La muerte golpea en todas las puertas.

La Biblia es muy clara al respecto. En el libro de Hebreos se nos dice: «Está establecido que los seres humanos mueran una sola vez, y después venga el juicio» (Hebreos 9:27).

En ocasiones, la muerte viene por lo general cuando la esperamos, luego de haber vivido una vida larga y productiva. Otras veces la muerte llega de forma abrupta, demasiado pronto desde nuestro punto de vista. De alguna forma, sentimos que tanto nosotros como nuestros seres amados tenemos derecho a una vida larga.

Sin embargo, no hay garantía para ninguno de nosotros de poder vivir hasta la vejez. No sabemos cuándo llegará la muerte. La Biblia nos dice que hay un tiempo para nacer y un tiempo para morir.

El periódico *USA Today* realizó una encuesta entre sus lectores y les preguntó: «Si pudieras hacerle una pregunta a Dios o a un ser superior, ¿qué le preguntarías, sabiendo que obtendrías una respuesta directa?» Muchos de los encuestados querían saber cuánto tiempo iban a vivir.

En realidad esta es una pregunta que solo Dios puede responder. Aunque el día y la hora ya han sido predeterminados, nosotros no sabemos cuándo va a suceder.

En Job 14:5 el patriarca le dice a Dios: «Los días del hombre ya están determinados; tú has decretado los meses de su vida; le has puesto límites que no puede rebasar».

Ninguno de nosotros sabe cuál podría ser el momento o el día.

～

No hay garantía para ninguno de nosotros de poder vivir hasta la vejez.

Hace algunos años, oficié un funeral para la tripulación del vuelo 261 de la compañía aérea Alaska Airlines. El avión McDonnell-Douglas MD 83 volaba de México hacia Los Ángeles cuando experimentó problemas mecánicos y se estrelló en el océano con ochenta y ocho personas dentro, incluyendo al piloto y la tripulación. No hubo sobrevivientes.

Nos contactaron de Alaska Airlines y nos pidieron celebrar el servicio en nuestro santuario, ya que necesitaban un edificio grande en el sector en el que se localizaba nuestra iglesia. Con frecuencia, diferentes organizaciones nos solicitan realizar servicios en nuestro edificio. A veces damos la autorización, pero siempre con la condición de que uno de nuestros pastores pueda hablar y dar el mensaje del evangelio… ya que nuestro edificio fue construido para predicar el evangelio de Jesucristo. La aerolínea aceptó.

Decidí hacerme cargo de este discurso. El personal de Alaska Airlines, la mayoría uniformado, llenó el auditorio con unas tres mil personas. Para mi pesar, no tenía la seguridad de que alguno de los miembros de aquella tripulación fuera creyente. No estoy diciendo que no los hubiera. Puede haber habido muchos. Es probable que algunos de ellos hayan puesto su fe en Cristo mientras el avión caía. Pero dado que no tenía pruebas de que esa tripulación le perteneciera a Cristo, no podía decir que sabía que estas personas estaban en el cielo. Esto convirtió el servicio en algo muy difícil de realizar.

Hablé sobre la brevedad de la vida y la necesidad de prepararnos para nuestro encuentro con Dios. Es triste cuando no puedes ofrecerles a los familiares y amigos la firme esperanza de la vida eterna. Pero solo aquellos que ponen su fe en Jesucristo tienen la certeza de que entrarán a la presencia de Dios cuando pasen al otro lado.

DORMIR Y DESPERTAR

Esa es la esperanza del cristiano, que la muerte no es el fin. Que hay vida más allá de la muerte. Que lo mejor está por llegar. Porque Jesús murió y resucitó, nosotros tenemos la esperanza de hacer lo mismo. El apóstol declara:

> Porque lo corruptible tiene que vestirse de lo incorruptible, y lo mortal, de inmortalidad. Cuando lo corruptible se vista de lo incorruptible, y lo mortal, de inmortalidad, entonces se cumplirá lo que está escrito: «La muerte ha sido devorada por la victoria.»
>
> «¿Dónde está, oh muerte, tu victoria? ¿Dónde está, oh muerte, tu aguijón?»

El aguijón de la muerte es el pecado, y el poder del pecado es la ley. ¡Pero gracias a Dios, que nos da la victoria por medio de nuestro Señor Jesucristo! (1 Corintios 15:53-57).

Sí, nuestros cuerpos dejarán de funcionar en algún momento, pero debido a lo conseguido por medio de la resurrección de nuestro Señor y la victoria contra el enemigo final, aquellos que han puesto su fe en Jesucristo no deben temer.

En Juan 14, Jesús dice: «No los voy a dejar huérfanos; volveré a ustedes. Dentro de poco el mundo ya no me verá más, pero ustedes sí me verán. Y porque yo vivo, también ustedes vivirán» (vv. 18-19).

Me encanta cómo la Biblia describe la muerte para un cristiano. Cuando eres joven, no te gusta ir a dormir. Recuerdo cuando estaba en la guardería y tenía que dormir la siesta sobre unos pequeños colchones colocados en el piso, luego de haber tomado leche tibia. ¡Cómo odiaba eso! Odiaba dormir cuando era un niño y me resistía con uñas y dientes.

Al envejecer, una siesta se convierte en un lujo. En la actualidad, la idea de cerrar los ojos a mitad del día me resulta muy atractiva.

La Biblia compara la muerte para los cristianos con ir a dormir. Se trata solo de dormir y despertar en la presencia del Señor.

CUERPOS VIVOS POR SIEMPRE

Cuando te «despiertes» en tu hogar eterno, te llevarás una increíble sorpresa. Dios tendrá preparado un nuevo cuerpo para ti. La Biblia también nos habla de ese nuevo cuerpo: «De hecho, sabemos que si esta tienda de campaña en que vivimos se deshace, tenemos de Dios un edificio, una casa eterna en el cielo, no construida por manos humanas. Mientras tanto suspiramos, anhelando ser revestidos de nuestra morada celestial» (2 Corintios 5:1-2).

No hace mucho, un niño de seis años de nuestra iglesia me hizo una pregunta:

—Mi abuela acaba de morir —me dijo— y quería saber si la vería en el cielo.

Conociendo a su familia, le contesté:

—Hijo, creo que la verás, pero no se verá igual que como se veía aquí. ¿Estaba enferma cuando murió?

—Sí, estaba muy enferma.

—¿Estaba arrugada?

—Sí, lo estaba.

—Bueno, no se verá así en el cielo. Tú la reconocerás, pero será diferente porque estará en un nuevo cuerpo que Dios tiene para ella.

La razón por la que este cuerpo envejece, el cabello se cae y experimentamos enfermedad es un resultado del pecado. Si Adán y Eva no hubieran pecado en el Jardín del Edén, nuestros cuerpos no hubieran envejecido. Nunca hubiéramos experimentado enfermedad. Sin embargo, debido a que el pecado entró en la raza humana, todos debemos sufrir las limitaciones que esto trae al cuerpo humano. Pero en el cielo poseeremos nuevos cuerpos que durarán para siempre.

En realidad me gusta la forma en que Pablo compara la experiencia de recibir nuestro nuevo cuerpo con el acto de ponerse una ropa nueva. ¿No es maravilloso cuando te compras una nueva camisa? Algunas camisas están tan viejas que parecen muertas. Están tan delgadas y descoloridas que puedes ver a través de ellas. Ninguna lavada, planchada o almidonada las revivirá. Están listas para convertirse en trapo. Por ello escoges una camisa nueva en tu tienda favorita —crujiente, limpia y fresca— y te deslizas dentro de ella.

Dios tiene un cuerpo nuevo para ti y es mejor de lo que jamás te hayas imaginado. Esa es la esperanza que tenemos.

*Dios tiene un cuerpo nuevo para ti y es mejor
de lo que jamás te hayas imaginado.*

Cuando vas a las salas de cine, te muestran en las pantallas los avances de las próximas atracciones (¿Por qué será que las películas nunca parecen tan buenas como muestran los anuncios?)

Dios nos dio un avance de las futuras atracciones el día que Jesús murió. Mateo 27 describe un suceso muy inusual: «En ese momento la cortina del santuario del templo se rasgó en dos, de arriba abajo. La tierra tembló y se partieron las rocas. Se abrieron los sepulcros, y muchos santos que habían muerto resucitaron. Salieron de los sepulcros y, después de la resurrección de Jesús, entraron en la ciudad santa y se aparecieron a muchos» (vv. 51-53).

¿No es increíble? Gente fuera de su tumba, caminando de aquí para allá, mostrándose en lugares inusuales. ¡Oye! *¿No acabamos de enterrar al tío Abraham? ¿Qué hace caminando por la ciudad?* No dice que todo el mundo resucitó, pero Dios seleccionó a ciertos hombres y mujeres santos para que vivieran otra vez y le recordaran a la gente que la muerte no es el fin.

Vivirás de nuevo, y habrá una fuerte conexión entre tu cuerpo físico y tu cuerpo resucitado. En cierta forma serás el mismo que eres ahora, y en otra serás diferente por completo.

El verdadero tú no es el que ves en el espejo cada mañana. Bueno, sí, en un sentido sí lo es: estás viendo la tienda de campaña en la cual vives en la actualidad. Pero lo esencial de ti que te otorga la originalidad es tu personalidad. Tu alma. Tu espíritu. Cuando mueras, tu cuerpo irá al suelo, pero tu alma se trasladará a la eternidad.

Una vez escuché la historia de un ministro que estaba realizando un servicio funerario. Él quería decir algo memorable y profundo, pero resultó cómico. Al comparar el cuerpo humano con una cáscara externa, señaló al difunto en el ataúd que estaba en la iglesia. Luego dijo de forma solemne: «Aquí yace la cáscara. La nuez se ha ido».

Él no quería que sonara de esa forma, pero no había nada errado en su teología. «La cáscara se queda, la nuez se va».

Nuestros cuerpos glorificados serán similares al cuerpo resucitado de Jesucristo. Filipenses 3:21 nos dice que «él transformará nuestro cuerpo miserable para que sea como su cuerpo glorioso». El apóstol Juan nos asegura que «cuando Cristo venga seremos semejantes a él, porque lo veremos tal como él es» (1 Juan 3:2).

El cuerpo resucitado de Jesús estaba hecho de carne y hueso, no era un espectro o un fantasma. No podías pasar tu mano a través de su cuerpo. Aunque podía entrar a una habitación sin tener que pasar por la puerta, poseía un cuerpo humano cálido, sólido y palpable. María se agarró fuerte de él, y Jesús le dijo: «Suéltame». Más adelante, le pidió a Tomás que pusiera su mano en su costado, donde había sido herido con una lanza, y que tocara las heridas de sus manos.

En el Evangelio de Lucas leemos que le dieron pescado para que comiera. Él poseía un cuerpo real y quería que sus seguidores —incluyéndonos a ti y a mí— entendieran eso. Jesús dice: «Miren mis manos y mis pies ¡Soy yo mismo! Tóquenme y vean; un espíritu no tiene carne ni huesos, como ven que los tengo yo» (Lucas 24:39).

❧

Dios te dará un cuerpo nuevo, similar al que tienes ahora… pero, increíble y maravillosamente distinto.

De la misma forma, Dios te dará un cuerpo nuevo, similar al que tienes ahora… pero increíble y maravillosamente distinto. Pablo escribe: «Lo que se siembra en oprobio, resucita en gloria; lo que se siembra en debilidad, resucita en poder; se siembra un cuerpo natural, resucita un cuerpo espiritual. Si hay un cuerpo natural, también hay un cuerpo espiritual» (1 Corintios 15:43-44).

No hay duda de que estos nuevos cuerpos serán modelos radicalmente mejorados. No habrá signos de envejecimiento mientras los milenios pasen; y lo mejor de todo, ya no tendrán tendencia al pecado.

Si alguien está incapacitado física o mentalmente aquí en la tierra, no habrá tal discapacidad en su nuevo cuerpo.

Joni Eareckson Tada, una maravillosa dama cristiana, dio una charla en nuestra iglesia hace algunos años. Luego de haber sufrido un accidente practicando clavados a la edad de diecisiete años, quedó cuadrapléjica, sin poder usar sus brazos o sus piernas, sus manos o sus pies. En su libro llamado *El cielo*: su verdadero hogar, escribe sobre los nuevos cuerpos que Dios nos dará. Ella dice: «No más panzas o calvicies, ni venas varicosas o patas de gallo. No más celulitis ni medias antivárices. Olvídate de ejercitar los muslos y las caderas. Un rápido salto sobre la lápida y tendrás el cuerpo que siempre soñaste. Delgado y en forma, suave y saludable».[3]

Es verdad, lo mejor está por llegar.

Cuando lleguemos al cielo, querremos vernos unos a otros y reunirnos con nuestros seres queridos. Si quieres ver a Greg Laurie, no busques a un calvo. En mi cuerpo glorificado tendré mi cabeza repleta de cabello… ¡quizás me haga incluso un peinado afro!

¿Nos reconoceremos unos a otros en el cielo? ¡Por supuesto! ¿Por qué habríamos de saber menos allá de lo que sabemos aquí ahora? Las Escrituras nos dicen que nuestro entendimiento actual es incompleto: «Ahora vemos de manera indirecta y velada, como en un espejo; pero entonces veremos cara a cara. Ahora conozco de manera imperfecta, pero entonces conoceré tal y como soy conocido» (1 Corintios 13:12).

En la transfiguración de Jesús en la cima de la montaña, Pedro, Santiago y Juan reconocieron a Moisés y a Elías junto a Jesús… ¡y no creo que ellos hayan estado usando etiquetas con su nombre! («Hola, soy Moisés».) Había algún factor que los distinguía y permitía reconocer a estos hombres en sus cuerpos glorificados.

Nos encontraremos con nuestros seres queridos que han partido al otro lado antes que nosotros. Mientras tu familia y amigos sienten tristeza por ti en la tierra, te encontrarás en un entorno nuevo que está más allá de tu imaginación. En el momento en que exhales tu último aliento en la tierra, inhalarás el primero en el cielo. Es posible que los mismos ángeles que Dios envió para protegerte a través de tu vida te escolten ante la presencia inmediata de Dios, así como escoltaron al pobre mendigo al paraíso (Mateo 18:10, Lucas 16:22).

Piensa en el gozo más puro que hayas experimentado en la tierra, luego multiplícalo a la décima potencia, y le echarás solo una pequeña ojeada a la euforia permanente del cielo. David escribió: «Me has dado a conocer la senda de la vida; me llenarás de alegría en tu presencia, y de dicha eterna a tu derecha» (Salmo 16:11).

C. S. Lewis hizo estos perspicaces comentarios sobre la gloria que le espera al creyente:

> Todas las cosas que incluso de forma profunda tu alma poseyó, no han sido más que pistas del [cielo]: percepciones sugerentes, promesas jamás cumplidas, ecos que desaparecían apenas los escuchabas.[4]

> Si poseo un deseo que ninguna experiencia de este mundo puede satisfacer, la explicación más probable es que fui hecho para otro mundo … Posiblemente, los placeres terrenales no fueron hechos para satisfacerlo, sino para despertarlo, para sugerir el asunto real.[5]

En el momento en que exhales tu último aliento en la tierra, inhalarás el primero en el cielo.

No solo nos reuniremos con aquellos que amamos y han partido antes que nosotros, sino que también tendremos el privilegio de pasar un tiempo ilimitado con los grandes hombres y mujeres de Dios que él ha usado a través de los siglos.

Damas, ¿qué les parecería compartir un té con María, o una sesión de belleza con la reina Ester? Caballeros, ¿qué les parecerían unos consejos de construcción de parte de Noé, algunas lecciones de pesca de Pedro, o unas clases de buceo con Jonás?

La radiante luz del cielo durará para siempre. No habrá noche, ni oscuridad, ni guerra, ni muerte, ni separación, ni dolor, ni lágrimas, ni malos entendidos, y nada nos hará sentir temor otra vez. Tendremos una energía y un gozo ilimitados en nuestros cuerpos hechos para la eternidad. ¡Qué gran día será ese!

«¿DÓNDE ESTÁ, OH MUERTE, TU VICTORIA?»

Por desgracia, hay muchos que no tienen esta esperanza, porque no han puesto su fe en Jesucristo.

Como resultado, tienen un punto de vista muy pesimista sobre la vida en general. Para ellos, todo se reduce al aquí y al ahora. No hay nada más allá de la muerte. Para los materialistas modernos, la muerte es el cesar del ser. Los reencarnacionistas creen que nuestras almas regresan de continuo en la forma de otros cuerpos. (¿Qué te parecería ser un rinoceronte por un tiempo?) Los hindúes afirman la noción de que el cuerpo es meramente una ilusión, y que lo que al final sobrevive es una conciencia cósmica impersonal.

❧

Sabemos que nuestra vida presente es solo una nube de vapor que aparece por un momento y luego se desvanece.

¡Qué perspectiva tan desalentadora! A veces me pregunto cómo la gente sin esperanza se las arregla. En una entrevista, el actor George Clooney dijo sobre la vida: «Yo no creo en los finales felices. Creo en los viajes felices, porque últimamente mueres a una edad temprana o vives lo suficiente como para ver a tus amigos morir. La vida es un asunto desagradable».

Esto me recuerda algo que el personaje de Nicholas Cage dice en la película *Moonstruck* [Hechizo de Luna]: «Estamos aquí para arruinarnos, rompernos el corazón, amar a la gente equivocada y morir».

Ese es el punto de vista de un no creyente… el hombre o la mujer sin esperanza más allá de esta vida. Pero no es el punto de vista de un hijo de Dios. Nosotros sabemos que hay algo más que la vida en esta tierra. Sabemos que nuestra vida presente—ya sea que dure doce o ciento veinte años— es solo una nube de vapor que aparece por un momento y luego se desvanece. Las Escrituras describen nuestro tiempo en la tierra como una historia que ya fue contada.

Jesucristo vino a vencer a la muerte por nosotros. Cuando Jesús vino a la tierra, aquellos que le siguieron se equivocaron ampliamente al pensar en su propósito. Incluso sus discípulos fallaron al entender lo que les decía. Parecían determinados a creer que iba a derrocar a Roma y a establecer su reinado en ese momento. Incluso discutían sobre las posiciones que cada uno iba a tener en el nuevo régimen. No se dieron cuenta —no se imaginaron— que en lugar de una corona de oro iba a usar una de espinas. Que en lugar de sentarse en un trono real lo clavarían en una cruz de madera. Él no vino a establecer un reino terrenal, vino a establecer sus leyes y su reino en los corazones de los hombres y mujeres.

Ellos se equivocaron por completo. Jesús debía morir para restaurar a la humanidad perdida. Él vino a pagar una deuda que no era suya, porque nosotros teníamos una deuda que no podíamos pagar.

Su muerte y resurrección repercuten hasta el día de hoy, en el siglo veintiuno. Y una de las repercusiones más importantes es que ni tú ni yo debemos temer o asustarnos ante la muerte. Podemos mirar a este enemigo directo a los ojos y decir: «¿Dónde está, oh muerte, tu victoria? ¿Dónde está, oh muerte, tu aguijón?»

¿Tienes la esperanza de la vida después de la muerte? ¿Ha entrado ya el Señor resucitado a tu corazón? Un minuto después que mueras estarás gozando de la bienvenida personal de Jesucristo y dándole tu primer vistazo a la gloria, o estarás mirando a las tinieblas y la desesperanza de una manera que no has experimentado. De cualquier forma, tu futuro será fijado de forma irrevocable e intransferible por toda la eternidad. No hay nada que puedas hacer una vez que hayas exhalado tu último aliento.

Dicho de otra forma, si eres un creyente, nunca morirás. Jesús dijo: «Yo soy la resurrección y la vida. El que cree en mí vivirá, aunque muera; y todo el que vive y cree en mí no morirá jamás» (Juan 11:25-26).

~

Sabemos que hay un propósito y un significado en las vidas que vivimos aquí en la tierra.

No me malinterpretes, no estoy sugiriendo que los cristianos andemos por ahí con algún mórbido deseo de morir, levantándonos en la mañana y diciendo: «Espero poder morir en el día de hoy». Creo que nadie disfruta el valor de la vida más que los seguidores de Cristo. Sabemos que Dios nos ha hecho. Sabemos que hay un propósito y un significado en las vidas que vivimos aquí en la tierra.

Simplemente sabemos que estamos listos.

Y que lo mejor está por llegar.

Levanta tu cabeza

*Vendré para llevármelos conmigo. Así
ustedes estarán donde yo esté.*
Juan 14:3

ALGÚN DÍA, POSIBLEMENTE MUY PRONTO,
Jesucristo surgirá del cielo y llamará a los suyos
para encontrarse con él en las nubes.

Al ver el alboroto de nuestro mundo actual, el
continuo conflicto en el Medio Oriente, nos damos
cuenta de que la profecía bíblica se está cumpliendo
ante nuestros propios ojos.

Por ejemplo, la Biblia predijo que el pueblo ju-
dío sería regado en las cuatro esquinas de la tierra,
pero reunido de nuevo y convertido en nación. Luego nos dice que la nación reconstituida de Israel estará rodeada de naciones hostiles que se levantarán

en contra de ella, pero que Dios intervendrá en su favor.

Si hubieses hecho afirmaciones como esta en 1930, la gente hubiera pensado que habías perdido la cabeza. Pero el 14 de mayo de 1948 esa profecía se convirtió en realidad. En contra de todo pronóstico, con un vasto número de enemigos empujándolos hacia el mar, Israel se convirtió una vez más en nación soberana. Desde esa fecha ha sido atacada con violencia una y otra vez por sus hostiles vecinos. Pero Israel no solo ha sobrevivido, ha florecido.

Cuando veas el conflicto en esa parte del mundo, presta atención a las palabras que nuestro Señor dijo: «Cuando comiencen a suceder estas cosas, cobren ánimo y levanten la cabeza, porque se acerca su redención» (Lucas 21:28).

Jesús vendrá otra vez. Podría venir ahora, antes de que el calendario dé vuelta a la página. ¿Estás preparado?

La Biblia dice que regresa para *llevarnos* con él. Nota que el Señor dice: «Vendré para llevármelos conmigo». No tienes que ir con él si no quieres hacerlo. Si deseas quedarte en la tierra y vivir el período de tribulación, puedes hacerlo. Si quieres morir y pasar la eternidad sin Jesús en el infierno, puedes hacerlo. Dios te ha dado libre albedrío. O podrías

poner tu fe en él para salvación y unírtele en el cielo… para siempre.

~

*Jesús podría venir ahora, antes de que el
calendario de vuelta a la página ¿Estás
preparado?*

Como creyentes, la esperanza del inminente regreso de nuestro Señor es fundamental para la vida
misma. Todas las otras esperanzas y deseos para el
futuro giran alrededor de esta esperanza y deseo.

Pero he aquí la pregunta: Si de verdad creemos
esto, *¿qué efecto debería tener en nuestra vida diaria?* ¿Cómo debería cambiar nuestra vida la espera
del más grande de los acontecimientos?

El estudio de la profecía bíblica nunca pretendió
ser un ejercicio académico o un intrincado misterio
para los fanáticos de los enigmas, a los cuales les
gusta mezclar y hacer coincidir las Escrituras con
los titulares. Este tenía la intención de cambiarnos,
de dar color a cada despertar y formar nuestras pro-
pias vidas.

Tenemos la completa certeza de que nuestro Señor Jesús puede regresar por su iglesia en cualquier

momento, y este conocimiento debe llevarnos a la santidad personal y a una evangelización audaz.

A LA LUZ DE SU VENIDA

Un día, cuando el profeta Daniel estudiaba el libro de Jeremías en su hogar en la capital persa, una revelación lo golpeó como un rayo.

De repente se dio cuenta de que el período de setenta años del juicio de Dios sobre su nativa Jerusalén estaba llegando a su fin. ¿Calmaría el Señor su ira y permitiría una restauración?

¿De qué manera el entendimiento de la profecía afectó a Daniel?

Si hubiera estado viviendo en la actualidad, diría: «Creo que voy a escribir un libro exitoso sobre este asunto, y es posible que cree una página en la Internet».

Pero eso no fue lo que hizo Daniel. En lugar de ello, se arrodilló y comenzó a clamar a Dios. Daniel escribe:

Entonces me puse a orar y a dirigir mis súplicas al Señor mi Dios. Además de orar, ayuné y me vestí de luto y me senté sobre cenizas. Ésta fue la oración y confesión que le hice: «Señor, Dios grande y terrible, que cumples tu pacto de fidelidad con los que te aman y obedecen tus mandamientos: Hemos pecado y hecho lo malo; hemos sido malvados y rebeldes; nos hemos apartado de tus mandamientos y de tus leyes. No hemos prestado atención a tus siervos los profetas, que en tu nombre hablaron a nuestros reyes y príncipes, a nuestros antepasados y a todos los habitantes de la tierra» (Daniel 9:3-6).

La oración de Daniel es sorprendente si te pones a pensar que él era un hombre santo, uno de los pocos personajes importantes en toda la Biblia sobre el que no se menciona nada negativo. Ni una palabra de crítica. A pesar de ello, el estudio de la profecía de Daniel tocó su corazón e hizo que se arrepintiera en nombre de su nación. En lugar de simplemente entretenerse o fascinarse con el estudio de las cosas futuras, fue conmovido de forma profunda y oró con gran pasión: «Oh, Señor, nos arrepentimos de nuestro pecado».

¿Te sientes igual de afectado cuando piensas en los días del juicio de Dios en un mundo que ha rechazado a su hijo? ¿Te visualizas diciendo: «Sí, Señor, ven y juzga al mundo, castiga a los pecadores, lo merecen»? ¿Oras diciendo: «Señor, hay algún pecado en mi vida que te disguste»?

Vale la pena notar que cuando el tema del regreso del Señor aparece en las Escrituras está por lo general acompañado de una exhortación o amonestación, de alguna acción que él quiere que obtengamos como resultado.

¿Y QUÉ?

En 2 Pedro 3, el apóstol nos dice: «El día del Señor vendrá como un ladrón. En aquel día los cielos desaparecerán con un estruendo espantoso, los elementos serán destruidos por el fuego, y la tierra, con todo lo que hay en ella, será quemada» (v. 10).

Tú dirás: «¿Y qué? ¿Qué tiene que ver eso conmigo?»

Pedro sigue adelante y responde esa pregunta: «Ya que todo será destruido de esa manera, ¿no deberían vivir ustedes como Dios manda, siguiendo una conducta intachable y esperando ansiosamente la venida del día de Dios?» (vv. 11-12, énfasis añadido).

Como verás, estas palabras proféticas no fueron escritas para nuestra información, sino para nuestra transformación.

De vez en cuando algún excéntrico aparecerá y dirá: «He descifrado el código de la Biblia. He encontrado mensajes contenidos en las Escrituras que han estado escondidos para todos los demás. Ahora estoy a punto de revelar estas grandes verdades». O es posible que alguien se pare frente a la cámara de un canal cristiano y diga: «A pesar de que Jesús dijo que ningún hombre conoce el día o la hora de su regreso, yo lo sé».

De forma sorprendente, siempre habrá gente que se lo crea, incluso personas dentro de la iglesia que deberían conocer más. Harán línea para seguir a estos sujetos. Se internarán en las montañas con una buena cantidad de armas, municiones y comida enlatada. O tal vez renuncien a sus trabajos, se pongan túnicas blancas, agarren algunas ramas de palma, y se sienten en la cima de alguna montaña esperando el regreso del Señor.

Pero en ningún pasaje de la Biblia dice que debo dejar mi trabajo o esconderme en los bosques con mi armamento y una copia de la revista *Soldier Weekly* [Semanario del soldado]. En lugar de ello, la Biblia te exhorta de modo constante a vivir una vida santa. En 1 Tesalonicenses 5 se nos dice: «Ahora bien, hermanos, ustedes no necesitan que se les escriba acerca de tiempos y fechas, porque ya saben que el día del Señor llegará como ladrón en la noche. Cuando estén diciendo: "Paz y seguridad", vendrá de improviso sobre ellos la destrucción, como le llegan a la mujer encinta los dolores de parto. De ninguna manera podrán escapar» (vv. 1-3).

Tú dirás: «Eso está bien. ¿Y qué?» Pablo pensó en ello y continúa diciendo: «Ustedes, en cambio, hermanos, no están en la oscuridad para que ese día los sorprenda como un ladrón. Todos ustedes son hijos de la luz y del día. No somos de la noche ni de la oscuridad. No debemos, pues, dormirnos como los demás, sino mantenernos alerta y en nuestro sano juicio. Los que duermen, de noche duermen, y los que se emborrachan, de noche se emborrachan. Nosotros que somos del día, por el contrario, estemos siempre en nuestro sano juicio, protegidos por la coraza de la fe y del amor, y por el casco de la esperanza de salvación» (1 Tesalonicenses 5:4-8).

~

¿Qué deberíamos estar haciendo como creyentes mientras esperamos el regreso de nuestro Señor?

En 1 Juan 3:2 el apóstol nos dice: «Queridos hermanos, ahora somos hijos de Dios, pero todavía no se ha manifestado lo que habremos de ser. Sabemos, sin embargo, que cuando Cristo venga seremos semejantes a él, porque lo veremos tal como él es».

¿Y qué? ¿Cómo me afecta esto a mí? No temas, Juan nos da una aplicación que nadie puede eludir: «Todo el que tiene esta esperanza en Cristo, se purifica a sí mismo, así como él es puro» (1 Juan 3:3). Sí, Jesús viene. Y si tú lo crees la Biblia dice que tal cosa debería tener un impacto directo en la forma en que vives.

Entonces, ¿qué deberíamos estar haciendo como creyentes mientras esperamos el regreso de nuestro Señor? Nosotros que creemos que lo mejor está por llegar, y que lo mejor viene para nosotros, ¿qué clase de actitud y pensamientos debemos tener mientras esperamos el gran día? Esto es lo que Santiago nos dice:

Por tanto, hermanos, tengan paciencia hasta la venida del Señor. Miren cómo espera el agricultor a que la tierra dé su precioso fruto y con qué paciencia aguarda las temporadas de lluvia. Así también ustedes, manténganse firmes y aguarden con paciencia la venida del Señor, que ya se acerca. No se quejen unos de otros, hermanos, para que no sean juzgados. ¡El juez ya está a la puerta! Hermanos, tomen como ejemplo de sufrimiento y de paciencia a los profetas que hablaron en el nombre del Señor. En verdad, consideramos dichosos a los que perseveraron. Ustedes han oído hablar de la perseverancia de Job, y han visto lo que al final le dio el Señor. Es que el Señor es muy compasivo y misericordioso (Santiago 5:7-11).

¿Qué hacemos mientras esperamos el regreso del Señor? Santiago salta al ruedo con un consejo oportuno.

1. SÉ PACIENTE

Por tanto, hermanos, tengan paciencia hasta la venida del Señor (Santiago v. 7).

La palabra que Santiago usa para «paciencia» no hace referencia a una resignación pasiva, sino a una espera activa. Él no dice que debemos esperar con una actitud indulgente, tolerante o descuidada: «Supongo que el Señor aparecerá uno de estos días. Podría ser en mi tiempo de vida, no lo sé». No. Nuestra actitud debería ser de anticipación, emoción e incluso de gozo, como la de un niño que espera la noche de Navidad para abrir sus regalos. Así es como deberíamos estar esperando el regreso del Señor: «Casi no puedo esperar. Estoy contando los minutos. Ansío el día».

En Romanos 13, Pablo plantea este conmovedor llamado a las armas:

Hagan todo esto estando conscientes del tiempo en que vivimos. Ya es hora de que despierten del sueño, pues nuestra salvación está ahora más cerca que cuando inicialmente creímos. La noche está muy avanzada y ya se acerca el día (vv. 11-12).

Una vez más, ¿cuál es el factor «y qué» aquí? ¿De qué manera afecta esto mi vida diaria? Pablo continúa:

Por eso, dejemos a un lado las obras de la oscuridad y pongámonos la armadura de la luz. Vivamos decentemente, como a la luz del día, no en orgías y borracheras, ni en inmoralidad sexual y libertinaje, ni en disensiones y envidias. Más bien, revístanse ustedes del Señor Jesucristo, y no se preocupen por satisfacer los deseos de la naturaleza pecaminosa (vv. 12-14).

Cuando nos piden a los ciudadanos del siglo veintiuno que esperemos por el Señor, esto se convierte en un reto. Vivimos en una cultura en la que todo llega con gran velocidad. No tenemos que esperar por nada nunca. Si quieres algo, no tienes que guardar centavo a centavo en una alcancía con forma de cerdito para comprarlo. No tienes que aguardar por ello, simplemente lo cargas a tu tarjeta, deslizas el plástico… ¡y hasta te prometen no pagar una sola cuota por todo un año!

No queremos esperar. Queremos lo que queremos cuando lo queremos. Sentimos que lo merecemos, podamos o no pagarlo. En lo que se refiere a la tasa de interés y las cuotas mensuales, nos parecemos a Scarlet O'Hara, la protagonista de *Lo que el viento se llevó*, y afirmamos: «Pensaré en ello mañana».

Cuando nos piden a los ciudadanos del siglo veintiuno que esperemos por el Señor, esto se convierte en un reto.

Cuando estás en el supermercado, ya no tienes que hacer colas largas, hay cajas rápidas. Por supuesto que yo siempre las uso, incluso si en realidad necesito más cosas. Me limito a comprar diez artículos por el solo hecho de poder salir de ahí más rápido.

Y por cierto, ¿soy la única persona que cuenta los artículos de los demás? «Oigan, *¿qué pasa aquí? ¡Ese caballero tiene dieciséis artículos! ¡Atención, hay un señor en la caja seis con demasiados artículos!*»

Somos muy impacientes… al menos yo lo soy.

Cuando llegas en el auto a una de esas ventanillas de servicios en los locales de comida rápida, tienen relojes digitales que te muestran exactamente cuánto se demoran en atender tu orden. Por ejemplo, hoy mi orden tardó un minuto y veintiocho segundos. ¡Pero un momento! Ayer se demoró un minuto y doce segundos. ¿Qué está pasando aquí?

Estamos acostumbrados a obtener todo precipitadamente: las compras, la información, la comida… lo que queramos.

Y luego Santiago nos dice: «Tengan paciencia hasta la venida del Señor». Miramos al mundo a nuestro alrededor y al desorden que hay en él, y decimos: «Señor, ven. ¿Por qué te demoras? ¿Has olvidado tu cita? ¿Cuándo vas a regresar?»

Dios tiene su propia agenda… y no se deja limitar por la nuestra. Él vendrá en el tiempo determinado en los concilios de la eternidad. Vino la primera vez a la hora señalada, y vendrá la segunda vez de la misma forma.

En Gálatas se nos dice: «Pero cuando se cumplió el plazo, Dios envió a su Hijo, nacido de una mujer, nacido bajo la ley, para rescatar a los que estaban bajo la ley, a fin de que fuéramos adoptados como hijos. Ustedes ya son hijos. Dios ha enviado a nuestros corazones el Espíritu de su Hijo, que clama: "¡Abba! ¡Padre!"» (Gálatas 4:4-6).

Dios miró a este pequeño mundo nuestro y supo que el momento preciso había llegado. Cuando Jesús vino, la gente estaba lista. Habían pasado cuatrocientos años desde la última vez que Israel había escuchado de Dios. Cuatro largos siglos sin haber escuchado la voz de un profeta, haber visto un ángel o atestiguado un milagro. Entonces, Juan el Bautista aparece en escena diciéndoles que el Mesías había llegado.

Antes de esto, por supuesto, en la hora señalada en el pequeño pueblo de Belén, el Mesías había nacido, cumpliendo así la profecía de Miqueas:

Pero de ti, Belén Efrata, pequeña entre los clanes de Judá, saldrá el que gobernará a Israel; sus orígenes se remontan hasta la antigüedad, hasta tiempos inmemoriales (Miqueas 5:2).

«Hasta tiempos inmemoriales»… literalmente, hasta el punto en que ya nadie recuerda. Cuando el tiempo fue exacto, Cristo nació. Los romanos gobernaban Israel y la «pax romana» estaba en pleno auge. Los ejércitos de Roma habían sometido al mundo. Los impuestos eran altos, la moral baja y los principios morales más bajos todavía. Y Dios, en su inigualable sabiduría, determinó que esas eran las condiciones precisas en este mundo para la entrada de su Hijo.

Será igual en su segunda venida. Cuando el reloj del cielo lo diga, el Hijo regresará a la tierra. Ni un minuto antes ni un minuto después.

No sé si les pase a ustedes, pero a mí me enloquece que la gente llegue tarde. Si programas una hora para una cita y la persona con la que debes encontrarte no aparece a tiempo, eso molesta. Yo siempre trato de estar a tiempo, incluso un poco más temprano. Cuando me atraso, en realidad me pongo nervioso ¡Pero no a todos les pasa! Alguna gente aparece veinte minutos retrasada y ni siquiera dicen algo al respecto. Y tú te sientes un poco molesto porque no mantuvieron su compromiso de llegar a la hora acordada.

A veces nos parece que el Señor está atrasado. Pero Dios nos recuerda en 2 Pedro 3:9: «El Señor no tarda en cumplir su promesa, según entienden algunos la tardanza. Más bien, él tiene paciencia con ustedes, porque no quiere que nadie perezca sino que todos se arrepientan».

Dios está a tiempo.

Desde nuestro punto de vista, su llegada parecería estar retrasada, pero una cosa es segura: nunca hemos estado tan cerca del regreso de Cristo de lo que estamos en este momento. Estamos más cerca de la segunda venida de nuestro Señor que cualquier generación que nos haya precedido.

Jesús dijo: «¡Miren que vengo pronto!» Él vendrá en el tiempo justo.

¿Qué más debo hacer mientras espero el regreso del Señor? El apóstol está listo con una segunda prioridad.

2. MANTENTE FIRME

Manténganse firmes y aguarden con paciencia la venida del Señor, que ya se acerca» (Santiago 5:8).

Otra forma de entender el versículo es: «Fortalécete y afiánzate en tu vida». En otras palabras, *camina con pies de plomo*.

El término que Santiago usa en este texto es idéntico al que el doctor Lucas usó cuando describió las actitudes y acciones de Jesús mientras se encaminaba a Jerusalén, sabiendo ya lo que le esperaba.

Por supuesto, Jesús, siendo Dios, tenía conocimiento completo de lo que estaba por suceder. Él sabía que Judas lo traicionaría; sabía que estaría frente al sumo sacerdote Caifás; sabía que iba a ser azotado; sabía que sería crucificado; y por supuesto, sabía que se levantaría de su tumba.

Por ello, mientras se dirigía hacia Jerusalén en aquella jornada terrenal final, puedes imaginar lo terrible y aplastante que todo esto era para él. Su humanidad lo rechazaba por completo. En el huerto de Getsemaní, derramó su corazón en oración y le dijo al Padre por tres ocasiones: «Abba, Padre, todo es posible para ti. No me hagas beber este trago amargo, pero no sea lo que yo quiero, sino lo que quieres tú». Aun así, en Lucas 9:51, se nos cuenta que a medida que se acercaba el tiempo de su partida al cielo, Jesús «se hizo el firme propósito de ir a Jerusalén».

Es este versículo la palabra «firme» aparece de nuevo, indicándonos que debemos fortalecernos, mantenernos firmes, caminar con pies de plomo.

Si fuéramos a usar la analogía de una planta, diríamos: «Plantemos sus raíces muy profundo en el suelo». Esto implica fortalecer y apoyar algo de tal manera que se mantenga firme e inamovible.

~

Dios está diciendo que necesitas echar raíces, porque puedes estar seguro de que tu fe será desafiada.

Dios quiere que echemos raíces y estemos fortalecidos. Muchos cristianos no lo están. No se han tomado el tiempo para desarrollar hábitos de estudio bíblico personales, o la disciplina de orar, o incluso la de asistir con regularidad a la iglesia. Vienen cuando les conviene… cuando están de buen humor… cuando el clima es perfecto.

Dios está diciendo que necesitas echar raíces, porque puedes estar seguro de que tu fe será desafiada. Serás perseguido, enfrentarás adversidades. Algunos días serán soleados, pero otros tormentosos.

Y las tormentas pueden acabar con el paisaje muy rápidamente… en especial si vives en un lugar como Colorado. Hace algunos años hicimos una campaña en Colorado Springs. Cuando llegamos, la temperatura estaba alrededor de los veintiún grados, y como cantaba John Denver en una de sus canciones, «los rayos del sol caían sobre mis hombros». El tiempo estaba perfecto, y nuestra cruzada empezaba a la noche siguiente. Mientras nos dirigíamos a la cama ese día, el reporte del clima indicó que un frente frío se dirigía hacia allá. Yo pensé: *Un frente frío ¿Cuántos grados bajará la temperatura? ¿Tres, cuatro? No hay problema.*

Pero sí hubo problemas. A la mañana siguiente, la nieve cubría todo el piso, y mientras realizábamos nuestra campaña aquella noche, un fuerte y helado viento nos azotaba. Nunca he tenido tanto frío en toda mi vida. Me puse todo lo que tenía encima... más ropa de la que te puedes imaginar. Incluso llevaba calentadores en mis guantes, y con todo me moría del frío.

Así de rápido cambia el clima para ellos. Miras por la ventana y el sol brilla. Pero cuando te das cuenta, está nevando.

Así es la vida también. En un momento, el clima parece de postal. Entonces, al instante, el cielo se oscurece. Una nube se interpone entre el sol y tú, y recibes muy malas noticias. Algunos días al parecer vienen una tras otra en rápida sucesión.

Hay veces en las que tienes que afianzarte en las promesas de Dios, debes agarrarte del Señor con tus manos y pies y esperar en él. Escuchar su voz. Cavar y echar raíces. Y resolver con firmeza y hacer lo que Dios quiere que hagas.

3. REHÚSA QUEJARTE

No se quejen unos de otros (Santiago 5:9).

Lo que Santiago describe en este versículo se refiere a la crítica injusta y trivial, es decir, a hacer comentarios mordaces los unos de los otros.

Como cristianos, somos relativamente pocos en un mundo enorme, pero aun así, nuestra tarea es inmensa y el tiempo es corto. ¿Cuánto de ese precioso tiempo derrochamos en quejarnos, lamentarnos y pelear sobre trivialidades y asuntos de estilo y opinión, cuando deberíamos estar cerrando flancos y marchando juntos hacia adelante? Santiago nos dice que no nos dejemos atrapar en ello.

Debemos recordar quién es el enemigo.

4. SIN IMPORTAR NADA, AFÉRRATE A TU FE

En verdad, consideramos dichosos a los que perseveraron. Ustedes han oído hablar de la perseverancia de Job, y han visto lo que al final le dio el Señor. Es que el Señor es muy compasivo y misericordioso (Santiago 5:11).

En la vida de Job tenemos un ejemplo excelente de la paciencia bajo fuego. Job era un hombre que perseveró en momentos de increíble adversidad y tragedia. Su historia empieza en el cielo. Los ángeles del Señor se presentan ante Dios y Satanás estaba entre ellos. Dios le pregunta: «¿De dónde vienes?», y él responde: «Vengo de rondar la Tierra».

Casi podemos ver a Dios halando sus tirantes con orgullo, jactándose de su siervo.

—¿Te has puesto a pensar en mi siervo Job? —volvió a preguntarle el Señor—. No hay en la tierra nadie como él; es un hombre recto e intachable, que me honra y vive apartado del mal.

Satanás replicó:

—¿Y acaso Job te honra sin recibir nada a cambio? ¿Acaso no están bajo tu protección él y su familia y todas sus posesiones? De tal modo has bendecido la obra de sus manos que sus rebaños y ganados llenan toda la tierra. Pero extiende la mano y quítale todo lo que posee, ¡a ver si no te maldice en tu propia cara!

—Muy bien —le contestó el Señor—.

Todas sus posesiones están en tus manos, con la condición de que a él no le pongas la mano encima (Job 1:8-12).

Detesto darle la razón al diablo, pero tiene un buen punto. Mucha gente sirve y sigue al Señor por lo que obtienen de él, y ese fue el argumento esencial de Satanás. «Nadie sirve al Señor por quién es él, sino por todas las bendiciones que puede obtener». Por desgracia, tal cosa es cierta en la vida de muchos.

Pero no era así en la vida de Job. Su fe era innegable, él era un verdadero adorador. Y para probarlo en el reino espiritual (e incluso en nuestro reino actual), Dios permitió que atravesara calamidades que golpearon a este buen hombre sucesivamente. En corto tiempo, el mundo de Job se vino abajo.

~

Mucha gente sirve y sigue al Señor por lo que obtienen de él.

Job se despertó una mañana y era un día como cualquier otro. El sol brillaba en lo alto del cielo azul, y entonces… un hombre sin aliento corrió hasta él y dijo casi sin aliento: «Alguien acaba de llevarse los bueyes y los asnos y han matado a tus sirvientes».

Antes de que ese hombre pudiera terminar la trágica historia, vino alguien más y le contó a Job que fuego del cielo había consumido a sus rebaños y a sus criados. Y otro mensajero se acercó para contarle que los caldeos habían tomado sus camellos y ejecutado a sus sirvientes.

Como si no fueran suficientes todas esas atónitas calamidades, las peores noticias de todas llegaron como un tren descarrilado y golpearon a Job. Otro emisario le anunció a Job que todos sus hijos e hijas habían perecido en un horrible desastre. El techo de la casa donde estaban comiendo juntos colapsó debido a un fuerte viento y nadie sobrevivió. ¿Qué podría ser peor que eso?

¿Cómo reaccionarías tú ante tales circunstancias? De forma sorprendente, Job no reaccionó como Satanás había predicho. No maldijo ni renunció a su Dios. Por el contrario —como lo recuerdan las Escrituras—, Job se rasgó las vestiduras, se afeitó la cabeza, y adoró al Señor diciendo: «Desnudo salí del vientre de mi madre, y desnudo he de partir. El Señor ha dado; el Señor ha quitado. ¡Bendito sea el nombre del Señor!» (Job 1:21).

Tú dirás: «Es imposible». No, no lo es. Si Dios en su sabiduría permite que atravieses algo así, por su gracia te dará la fortaleza para manejarlo.

EN EL MOMENTO MÁS OSCURO

Es cierto que Dios puede traer calamidad a nuestras vidas para disciplinarnos como resultado de nuestro pecado y desobediencia, pero ese no es el caso habitualmente, como lo ilustra la vida de Job. Este hombre no estaba sufriendo por su pecado, sufría siendo una persona recta porque Dios permitió la calamidad para llevar a cabo una obra en su corazón que de otra forma no podría haber logrado. Y puesto que tú y yo hemos estado en la mente de Dios desde antes del principio del tiempo, él permitió a su siervo sufrir para ejemplificar cómo podemos soportar la adversidad, aunque nos parezca sobrecogedora.

Al leer el libro de Job, encontramos que él le pregunta a Dios por qué le había sucedido todo eso, e incluso le dice ciertas cosas que seguro no debió decir. Sin embargo, a pesar de toda su desgracia, nunca perdió su fe, como lo manifiesta en Job 13:15: «He aquí, aunque él me matare, en él esperaré; no obstante, defenderé delante de él mis caminos» (RVR60).

Al final, Job lo superó todo, y dice: «Yo sé que mi redentor vive, y que al final triunfará sobre la muerte. Y cuando mi piel haya sido destruida, todavía veré a Dios con mis propios ojos. Yo mismo espero verlo; espero ser yo quien lo vea, y no otro. ¡Este anhelo me consume las entrañas!» (Job 19:25-27).

Job era humano, como el resto de nosotros. Pero supo mantener sus prioridades bien establecidas. Él es un claro ejemplo de fidelidad y paciencia en medio de las pruebas y la adversidad. Hay lecciones que aprendió en el valle de la desesperanza y que solo se pueden aprender ahí. Al final dijo: «De oídas había oído hablar de ti, pero ahora te veo con mis propios ojos» (Job 42:5).

~

Siempre es un momento maravilloso cuando una persona abre sus ojos de verdad y conoce a Dios.

Siempre es un momento maravillo cuando una persona abre sus ojos de verdad y conoce a Dios.

Es probable que hayas sido criado en un hogar cristiano y oyeras del Señor toda tu vida. No obstante, llega el tiempo en que siendo joven dices: «Sí, he oído de él desde que estoy en la cuna. Pero ahora lo he visto. Esta es mi verdad. Yo lo recibo como mi Salvador. No solo como el Dios de mi padre y de mi madre, sino como mi Dios».

Hay algunas lecciones que solo se aprenden a través de la experiencia, en la proverbial escuela de los golpes duros.

Job lo descubrió, y lo supero todo con éxito.

Al final, las cosas terminaron bien para él. Dios le bendijo con más de lo que había tenido. Más posesiones. Más rebaños. Más de todo, incluyendo una nueva familia. Por supuesto que estos hijos no podían ocupar el lugar de los que perecieron, pero deben haber sido de gran consuelo para Job y su esposa por el resto de sus vidas.

Quizás tú, al igual que Job, estés atravesando tiempos de prueba y dolor. Es posible que tus circunstancias no sean tan dramáticas como las que él vivió. No has perdido tu hogar, tus medios de subsistencia, tu familia ni tu salud. ¡Aunque con solo perder una de esas cosas es suficiente! A lo mejor solo recibiste malas noticias y sientes que el piso se te mueve.

¿Qué harás? Recuerda que estas cosas no duran para siempre. Dios no se olvidará de ti durante tu dolor. Él tiene una obra incomparable que llevar a cabo en tu vida. El libro de Hebreos nos recuerda que Dios es «el iniciador y *perfeccionador* de nuestra fe» (12:2). El Señor termina lo que empieza.

Yo no siempre lo hago. Y esta mañana me lo recordaron justo cuando iba a salir de la casa. El hecho es que al guardar la leche miré sobre el refrigerador y vi un modelo a escala que construí.

Bueno... en realidad no está construido del todo... llevo hecho más de la mitad. Se suponía que debía terminarlo hace tres años, pero me entretuve en otras cosas. Luego se me perdieron algunas partes. He estado buscando en las tiendas un modelo a escala exactamente igual con el fin de usar las partes que me faltan y terminar mi proyecto. Pero lo cierto es que eso no ha sucedido todavía, y mi modelo ha estado acumulando polvo sobre el refrigerador.

¿No te alegra que Dios no sea así con nosotros? «Sí, sí, claro. Greg... Laurie, ¿verdad? Lo recuerdo... creo que empecé una obra en su vida, pero no sé dónde están las partes. Es posible que en algún momento regrese con él».

Dios termina lo que empieza. Él nunca se olvida de ti.

Estoy convencido de esto: el que comenzó tan buena obra en ustedes la irá perfeccionando hasta el día de Cristo Jesús (Filipenses 1:6).

~

Si Cristo regresara ahora, ¿estarías listo para encontrarte con él?

Sé paciente, sé firme, no te quejes, aprende del ejemplo de Job.

¿Estás listo para su regreso? Si Cristo regresara ahora, ¿estarías listo para encontrarte con él? Mejor te lo pregunto de esta manera: Si fueras a morir ahora, ¿podrías decir igual que Job: «Yo sé que le veré, sé que mi Redentor vive»?

Es posible que no sepas eso personalmente… pero te gustaría poder hacerlo. El mismo Jesús que nació en un pequeño establo en Belén creció hasta convertirse en un hombre, murió en la cruz para pagar el precio de todos nuestros pecados, y regresó de la muerte. Ese mismo Jesús se encuentra parado en este momento en la puerta de tu corazón y de tu vida. Está golpeando y diciendo: «Si alguno oye mi voz y abre la puerta, entraré» (Apocalipsis 3:20).

¿Alguna vez has abierto la puerta de tu corazón e invitado a Cristo a pasar? Si no lo has hecho, puedes hacerlo ahora. Espero que lo hagas.

Entonces, tú también podrás enfrentar la vida con confianza y gozo, y mirar al brumoso horizonte a la distancia y decir con una sonrisa: «La vida es bastante buena ahora, y con la ayuda de Dios lo estoy haciendo bien… pero lo mejor está por llegar».

Notas

1. James Montgomery Boice, The Gospel of John [El Evangelio de Juan], Zondervan Publishers Grand Rapids, Michigan, p. 294.

2. C. S. Lewis, *El problema del dolor*, HarperCollins, Nueva York, 1940, p. 91 (del original en inglés).

3. Joni Eareckson Tada, *El cielo: su verdadero hogar*, Zondervan Publishers, Grand Rapids, Michigan, p. 34 (del original en inglés).

4. C. S. Lewis, *El problema del dolor*, HarperCollins, Nueva York, 1940, pp. 150-151 (del original en inglés).

5. C. S. Lewis, *Mero cristianismo*, Collier Books, Nueva York, 1960, p. 120 (del original en inglés).

Nos agradaría recibir noticias suyas.
Por favor, envíe sus comentarios sobre este libro
a la dirección que aparece a continuación.
Muchas gracias.

Editorial Vida
7500 NW 25 Street, Suite 239
Miami, Florida 33122

Vida@zondervan.com
www.editorialvida.com